ジュネ
Noel Spiritual

## 魂につながる物語

# アカシックレコードと龍

風雲舎

《お前は特別ではない。
だから選ばれたのだ》
（龍の言葉）

カバー絵……………ジジ
カバー装丁………山口 真理子
本文写真……………著者

# （はじめに）見えない世界

「心が読める」と言うと、人はいろいろな反応をする。

驚いたり、訝しがったり、ドギマギして不安げな表情になる人もいれば、不敵な笑みを浮かべて、「じゃあ、読んでみせてくださいよ」とおっしゃる人もいる。

「ええ、いいですよ。読んでみましょうか」と答えて、さて、どこから読もう？　と私は首をひねりながら考える。心は、まるで大海原のように広く深いから。

静かに集中し、ゆっくりと相手の呼吸に合わせる。しばらくすると相手の心の奥のほうから、木立の香りや草いきれが漂ってくる。穏やかな日常、心安らいでいる感覚。カメラのフォーカスが合うように、だんだんと鮮明なビジョンが浮かんでくる。のんびりした田舎町の風景と、伸び伸びと若さを楽しむその男性の姿が見えた。

そして……おや？　これはきっと大切な記憶なのだろう。心の内に大切そうに、そっと秘めている彼の夢の断片が覗けて見えた。

彼がこの古い記憶のピースにたどり着けるように、私は感じ取った記憶のかけらを一つひとつ言葉にしてゆく。そのたびに、記憶を追いかける彼の表情が少しずつ上気してゆく。

ふと、懐かしい香りがした。

これは……墨の匂い？　温かな愛情を感じる。この香りを、彼が心から大事にしていることが伝わってくる。

「もしかして、墨の香りがお好きなのですか？」

「……え？　なぜそんなことを知ってるんですか？　実は最近、書に惹かれることが多くてね。昔、親父に書の道は無駄だと一蹴されて諦めたけど。あの墨の匂い、墨を磨るあの感覚。たまらなく好きなんだよなぁ……」

彼はうっとりとあのころに想いを馳せている。心は、彼を「本当の自分らしい世界」に連れ出していた。先ほどの挑戦的な彼とは、別人のように穏やかな表情だ。

「いや、それにしてもあなたは、どうしてそんなことが分かるんですか？」

自分から「心を読んでみて」と言ったこともすっかり忘れ、不思議そうに尋ねる。

「あなたの心がね、そう伝えてきましたよ」

私はにっこりと答える。

ところで、心とはなんだろう？

「いま、私が考えていることを当ててください。心が読めるのでしょう？」

そう問われるたびに、

「いま、あなたが考えているものは、私が心と呼んでいるものではないのですよ」

と私は答える。

なぞなぞのような返事に、目の前の人はたいてい混乱する。

「いま考えていることが心でなければ、じゃあ、何なの？」

そう尋ねられたら、私は「思考です」と答えるだろう。

いま考えていることが、心なのか、思考なのか。さて、その違いをどう見分けよう？

リトマス試験紙で色が変わるわけでもないし、嘘発見器のように心と思考を分けてくれる装置も見当たらない。

心と思考。それは全く目に見えないものだけれど、この二つの違いは、とても重要だと思う。私たちが心と思考を分けてみようと考えはじめたとき、世界は大きく彩りを変えるのだ、と私は密かに確信している。

見えない心や思考を明確にすること。それが重要だとするなら、私はずいぶん昔に遡《さかのぼ》ってこの物語を話しはじめなければならない。

なぜ、私がこのような能力を授かり、他人の心を読めるようになったのか。
私が「心」の真実を追いかけて、龍に出会うまでの不思議な物語を語ってみよう。

『アカッシックレコードと龍』……目次

（第1章）

# 心って？

## 心を読む能力が目覚めるとき

人の心を読めると自覚したのは、まだ子どもだったころ。あれは、5歳ごろだったろうか。明るく豪快な気質の母は、ハンサムだけれど浮気が絶えない父とさっさと離婚し、一人で私を育てはじめた。

母には家系から受け継いだ「不思議な力」があった。わが家は代々女性ばかりが少し不思議な力をもって生まれてくる。勘が鋭く、人の心が読め、運命を見通すことができる、そんな力だ。といっても、その強さは人それぞれ。例えば母の「人を見抜く力」はこんな具合だ。

私が何かいたずらをしてみようと思い立つ。すると間髪を入れず、

「こら、悪いことしようとしているのはお見通し。ほら、お尻を出しなさい！」

と、まるでレーダーでもついているかのように大声が飛んできて、容赦なく私のお尻を叩く。本来、悪いことをしたら叱られるのが普通だろう。ところがわが家では「悪いことをしようとする心」を見抜かれ、いたずらを実行する以前に叱られるのである。

そのせいか私は、大人になると子どもの心が透けて見えるのだ、と信じていた。

叱られるのが分かっていようと、子どもはいろいろ冒険をしてみたいもの。小さな私はいつも、あれこれ考えていた。

ハサミをこっそりともち出し、前髪を切ってみようと構えたところで……、

「こら！　何してるの⁉」

という怒鳴り声に私はビクッと驚き、そのはずみで前髪は斜めにバッサリ切れた。そのころの写真には、不恰好な短い前髪のおかっぱで、ふてくされた顔の私が写っている。

別の日。冷蔵庫の中にお客さん用のケーキを発見した。とろけるようなクリームの味を想像して、ちょっぴり指で突っついてみようかとそろそろ指を伸ばしかけると……、

「それダメよ、ジュネのじゃないの！」

と、またペチンと頭を叩かれる。なんという高精度のレーダーなのだろう。悪事を見抜く母の力は魔法のようで、そこら中に目が付いているかのような抜群のタイミングで叱る。おかげで私は、叱られる予感をなんとなく感じられるようになっていった。

のんびりテレビを見ていると、だんだんと嫌な感じがしてくる。「なんだか、また怒られる気がするな……」と時計を見ると、そろそろ寝る時間だった。

怒られる前に寝る準備をしなければ。タイミングよくリビングに来た母に「おやすみなさい」と言って、自分の部屋へ走る。そうやっていつも母のレーダーを意識していくと、

叱られる予感は少しずつ研ぎ澄まされていった。

そして、その日が来た。

いつものようにお気に入りの絵本を読んでいると、母が帰ってきた。その直後、叱られると〝分かった〟。いつも遊んでいる積み木のパズルがぴったりはまるように、確かな感じだった。

これから叱られる。でも、一体何で？　ふと〝廊下に脱ぎっぱなしの靴下〟が頭に浮かんだ。帰ってそのままにしていた靴下、あれがダメだったんだ。

私は廊下に駆け出し、ちょうど靴下を拾い上げた母とぶつかりそうになった。驚いた母は少し考えたような顔をしてから、予想どおり叱った。

「ジュネ、靴下脱ぎっぱなしはダメ。靴下は洗濯機のカゴって言ったでしょう？　うちのルール、知ってるはずよね？」

厳しい表情とは裏腹に、母の心から、（よいことと悪いことをちゃんと分かってほしい）という温かなものが伝わってきた。まぎれもなく、私を包み込む愛情だった。

表情と心って、同じじゃないんだ！　私は心底、驚いた。

怒られるといつも悲しかった。みじめな気持ちになった。怒っているときの母がいつも怖かった。でもその日は違った。母の温かな心が伝わってきて、なぜ怒るのか分かったのだ。

「ママは私が好きなのね？　だから怒ってるのね？」

そう尋ねると、母は一瞬驚いた顔になり、笑いながら私の頭を撫でた。

「ママはあなたを大事に思っているから覚えてほしいの。あなたはまだ子どもだから、いろんなことを覚える必要があるのよ」

手のひらから、強く伝わってくる母の愛の感覚。その温かさに自然と、「ごめんなさい」と謝罪の言葉が出た。

すると母からこんな気持ちが伝わってきた。

（今日はめずらしくちゃんと謝ったわね。私に似て勘がいい子かしら？）

心の中で呟く母の言葉が、テレパシーのように聴こえてきた。まるで言葉を交わさない新しい会話を覚えたような感覚だった。

この日が、心を読む能力の始まりだった。

心から伝わってくる本音は、大きな声で叱られるときよりも、まっすぐに届く。母の心の声を聴きとれるようになると、この世界のルールがすんなり理解できた。感じられるのは、洗濯物のルールだけではなかった。母が何を望んでいるのかもだんだんキャッチできるようになった。部屋の片付け、衣服を畳むこと。夜寝る時間を守り、気温や気候に合った服装を選ぶこと。花に水をやる最善のタイミングから、トーストに塗るバターのおいしい分量まで、大切なことは母の心からすべて伝わってくる。心はいつでも「本当のこと」を教えてくれた。

そうして自然と私は、母の言葉や表情だけでなく、その心に耳を傾けるようになった。突然心が通じ合うようになり、物分かりがよくなった私に安心した母は、近所に住む祖母に私の世話を任せて、仕事にさらに熱中するようになっていった。おかげで私は、ほんの少し寂しさを感じながらも、一人でなんでもやってみようとする気持ちを育んでいったように思う。

## 不思議な力をもつ家族

祖母は魔女だ。

彼女は若狭の鯖《さば》問屋の娘として生まれた。福井という土地は、第六感が鋭い者を多く生むと言われている。私たち家族の女性たちがさまざまな能力を授かったのも、この土地の力のおかげだと祖母は信じている。祖母の家系には、未来を言い当てる者、過去を言い当てる者、商売の目利きに能力を活かす者など、さまざまな力をもった人間がいた。能力も、人それぞれだった。

祖母は「未来を見通す感覚」をもっていた。祖母は小さなころから「私は将来お針子になる」といい、その言葉どおり東京へ出て、仕立てを身に付けた。当時流行りはじめたワンピースやドレスなどの仕立て仕事をしながら、その合間に客や周囲の者に、未来を見通す力で、運命の歩き方を伝えた。

戦後、慶應ボーイだった祖父と出会い、二人の女の子を産み育てた。祖母は「一人目の娘は音楽をする」と予言し、手持ちの着物などを売り払い、当時めずらしかった高価なピアノを買い与えた。その予言どおり、母は音楽家となり、離婚した後も、その収入で私を育てた。祖母が与えたピアノが、母の人生を支えてくれたのである。

母にも能力がある。土地の良し悪しが分かり、付き合うべき人とそうではない人をきちんと見分ける力があった。とにかく勘がいいのだ。

「あら、ここの土地はとても繁栄するわ」

母の目利きで選んだ、自宅のある湘南の住宅街の周りには、数年でショッピングモールやおしゃれな店が立ち並んだ。

そんな鋭い直感をもつ母だが、ふだんその能力を使うことはほとんどない。世界を旅し、いつも音楽に触れ、よく働く。あえて相手の心を読もうとはせず、本音しか話さない。祖母と同じような力があっても、やはり人それぞれ個性が出るのだった。

次女の叔母は、人の過去がスクリーンに映し出されるという、一風変わった能力を授かった。「こんにちは」と出会ったとたん、相手の過去が頭の中に映されるのである。それは叔母にとって、気持ちのいいものではなかったようだ。叔母は、「気の毒な過去をもつ人が多すぎる」とアトリエに閉じこもり、観る者の心を潤《うるお》す絵を描くのだと画家になった。上野の西洋美術館に飾られた大きな大きなキャンバスには、彼女の想いそのものが描かれていた。私がデザインや美術に惹かれるのは、静かに人を癒す、叔母のあの大きな絵のおかげかもしれない。

私の家系の女性たちは誰もがそんな能力を授かるが、その能力を表立った仕事として使うことはなかった。まるで暗黙の了解があって、能力を外へ出さない約束をしているようにも見えた。

この血を引き継ぐ最後の者が、私だ。

「ジュネちゃんは背が大きくなるから、バレエを習ってね。姿勢がよくなるわ」

祖母に言われ、私は幼稚園からバレエ教室に通った。予言どおり、中学生のころには165センチを越えた。

「近い未来、パソコンが大事になるからね」

祖母は、コンピューターが主流になることもちゃんと知っていて、大きなデスクトップ型のパソコンを買ってきた。おかげで、私の学習デスクは大きなモニターに占領された。

祖母のその予言を受けとってはいたが、私の能力は開かなかった。心は読めるようになったが、それは家の中でだけ。母の心、祖母の心、それだけだった。外に出て心を読もうとすると、なぜか悪口や嫌な心の声ばかり聴こえてくる。（変なスカートね、まるで似合ってない）と目の前の女の子から嫌な心の声だけ聴こえてくるのだから、たまったものではない。不満やストレスばかりを拾う集音器をつけているようで、祖母や母たちのように、うまくその能力を使えなかった。

そういえば、私だけ容姿もどことなく違う。ふんわりと軽やかな茶色い猫っ毛に、どことなくヨーロッパのような異国を感じさせるおしゃれな母たち。それに対し、私は父から受け継いだ真っ黒で太い髪に、和筆で書いたようなこけし顔。

能力も外見も、家族と違っている私。絵本で読んだ「みにくいアヒルの子」みたいだと思った。けれど祖母たちはそれを気にするそぶりも見せず、私のおかっぱの黒髪を褒め、撫でて可愛がった。そんな少々変わった家族の中で、私は育った。

# 魔法のジュースと秘密のレシピ

小学校から帰ると、自転車で祖母の家を目指す。仕事から帰ってくる母を夜まで待つのだ。

緑に囲まれた日当たりのよい祖母の家は、不思議なものであふれていた。キッチンには、いつもプクプクと泡を立てる果物の酵素の瓶。祖母にだけ分かる順に並んだ、ハーブや乾燥物が入った小瓶たち。手作り味噌の大きな樽や、木の蓋がついたぬか漬けの壺。運がよければ、古びた大きなガスオーブンの中に、こんがり焼かれるのを待つばかりのロールパンがきれいに並んでいることもあった。

祖母の部屋には、不思議な形の編み棒や、カラフルな布、とてつもなく重い帽子の型などが並び、まるで海外の洋品店のようだ。バレリーナのような美しい形のトルソーには、オードリー・ヘップバーンが着ていそうな、丁寧に仕立てられた美しいシルエットのワンピースがかけられていた。その上品な服からは、祖母が大切に仕立てている想いが伝わってくる。子どもの私にとって、祖母の家は宝箱だった。

私が遊びに行くと、祖母は「魔法のジュース」を作ってくれる。季節の野菜や果物をテーブルに並べ、ずっしり重そうな搾り器のハンドルを回しながら、ギュッギュッとジュースを搾る。

「これから秋が来て、冬が来る。寒い冬に備えるために、実りの秋があるのね。大根、人参、ごぼう、この実りが私たちの体を強くしてくれる。……ほら見て、こんなに太いのはどうしてだと思う？」

祖母はでっぷりと太った大根を手でもち上げ、陽気に尋ねる。

なぜ大根は太るのだろう？　じっと大根を見つめ、少し考えてみる。すると、眩しい太陽と、行儀よく並ぶ大根たちが土の中で呼吸している絵が浮かんだ。私がイメージしたものを感じ取ったように、祖母は頷いた。

「そうね。野菜たちは、私たちのようにいろんなものを必要としない。ジュネちゃんみたいに給食も食べないしね。大根はね、じっと土の中にいるようだけど、静かに静かにお日さまや、水や、土の栄養を吸い込んで、大きくなっていくの。……おや、少し喉が痛そうだね。ショウガも多めに入れようか」

そういえば朝から、少し喉が痛かった。涼しくなってきたのに、昨晩タオルケット一枚で寝たせいだろう。顔色を見るだけで体調が分かる祖母は、ポンポンとショウガを入れていく。ショウガ入りジュースを想像して、苦そうだなと思った。今夜はちゃんと布団にもぐり込もう。

「ダイエット中のママにも、ショウガはいいのよ。あの子はいつも美しくしていたい子だから。こっそり応援してあげようかね」

痩せた、太った、と年中大騒ぎしている母を思い出し、私までショウガで痩せてしまったらどうしようと少し心配になった。私はまるでゴボウのようにやせっぽちなのだ。不安げな私の心を読んだように、祖母はウィンクした。

「ふふ。ショウガはね、ジュネちゃんの体を温めてくれる。そしてママの、少々ゆるんだ体をシャンとさせてくれる。植物はいろんな魔法の力をもっているの。覚えておいで」

「野菜って、魔法の力をもっているの？」

「願いごとは人それぞれ。野菜もそれぞれその人に合った魔法をもっているんだよ。偶然にもショウガは、ジュネちゃんとママ両方の願いを叶えてくれる魔法の達人ね。野菜について知っていくと、野菜とも、自分の体とも、私たちはうまく話せるようになるの」

「野菜と話せる？」

「そうよ。自分の体に調子を聞いて、自分の願いを叶えてくれる力をもつ野菜を選んで、お願いをするの。するとちゃーんと、ジュネちゃんの願いも、ママの願いも叶うの。不思議でしょう？　野菜は体の中に入って、私たちの願いを叶えてくれるんだよ」

私の願いを聞いてくれるショウガ。その力を受けとって、元気になる私の体。ふーん、どっちもすごい。すっかり感心した私は、心の中で「喉が治りますように」とお願いした。そして「働き者のママも、ずっと元気でいますように。そして少しだけ痩せさせてあげて」と慎重にお願いした。母は決して太っているわけではないから。

突然、お腹のほうから母を恋しく思う気持ちが上がってきた。今ここで、母に向かってこの言葉を言えたら、どんなに気持ちがいいだろうと思った。

夜になれば、母が迎えにくる。喉も、きっと明日の朝にはよくなっているだろう。私たちの願いはいつだって、少し後で必ず叶う。何か大切なことが、ほんの少し分かりかけたような気がした。

## 心の中の探検

シャーロック・ホームズが大好きだ。

子どものころ、母も愛読していたというコナン・ドイルの推理小説。小学校に行くといつも、私はホームズさながらに、謎を読み解きはじめる。気になるのは、もっぱらみんなの「心」だ。私はこっそりみんなの観察を始める。いろいろな子がいる。目立ちたい子、怒っている子、怯えている子、私のように、目立たないように隠れている子もいる。同じ子どもなのに、どうしてこんなにいろんな性格があるのだろう。とても不思議だった。

大人の心はあまりうまく読めなかったが、子どもの心は、しっかり集中すれば何となく読める。心を読む力を使うのは、特別なとき。表情や声からでは、どうしてもその子のことがうまく理解できないとき、私は心を読む。

まず、どうにも分からないのは、人に嫌がらせをする子だ。みんな同じ子どものはずなのに、どうして偉そうにしたり、意地悪をしたりするのだろう？　なぜわざわざ悪役となり、人に嫌われるようなことをするのだろう？　どんなに考えてもその理由はさっぱり分からなかった。意地悪な子の心の中には、どんなものが入っているのだろう？　集中して、その子の心の中を探ってみる。意地悪な気持ちが映らないように、私は慎重に息を止める。

心を探っていくと、意地悪な子の心の中には、たくさんの涙と怒りがいっぱい詰まっていた。ずいぶん長い間苦しい感情に溺れつづけ、出口が見つからず、もがいているような感じがした。

（みんな大嫌い！　誰にも愛してもらえない！）

大きなフラストレーションが伝わってくる。そのあふれんばかりの悲しみと不安に私は押し潰されそうになり、急いでその心から離れた。フゥーと大きく息を吸う。吸って、吐いて、吸って、吐いて……。だんだん体が軽くなっていく。

……そうか、こんな気持ちを抱えて意地悪をしていたのか。これだけ大きくて苦しい感情、私にはどうすることもできない。ひとまずこの件は終了だ。

気を取り直し、また別の子を見る。ずっと気になっている女の子がいるのだ。彼女は友だちに、新しく買った缶製のペンケースを嬉しそうに自慢していた。ニコニコと笑っているけれど、心は少しも笑顔じゃない気がする。なぜだろう？　慎重に息を止めて、その子の心にもぐりこむ。すると心から、

（私を見て、ねぇ見てよ……！）

と、必死な気持ちが伝わってきた。寂しい想いが彼女の中に渦巻いている。なんとなくだけれど、彼女は誰かに優しく抱き締められたがっているような気がした。私は混乱して、彼女の心から離れた。

キンキン響く彼女の自慢話を聞きながら、ペンケースの自慢なんかしてないで、笑顔で話を聞いている目の前の子に抱きしめてもらえばいいのにと思った。そうしたらきっと、ペンケースよりも大事なものが手に入るだろうに。

学校にいると、いつも私の気持ちはこんがらがる。みんなの心と表情がちぐはぐなことが多いからだ。私には算数のテストよりも、コロコロ変わるみんなの心のほうがよっぽど難しく感じられた。いつもみんなが、幸せだったらいいのに……。それはなかなか難しい問題のようだった。ため息をついて、探偵を終了した。

中途半端に心が感じられるせいだろうか、クラスメイトとはあまり仲良くなれなかったが、一人だけ親友がいた。幼馴染みのタカちゃんだ。

タカちゃんは私の探検仲間。極度の近視で、まるで瓶底《びんぞこ》のような分厚いメガネをかけた男の子だ。私よりもほんのちょっと背は高いが、そのメガネのせいで、いつもヨロヨロと頼りなく歩く。動物が大好きで、うちで飼っているモルモットを撫でに、毎日やってくる。

「ねぇ、タカちゃん。明日、少し遠いけど自転車で線路の向こうの森林公園まで行ってみようと思うの。どうかな?」

タカちゃんはモルモットを撫でる手を止め、分厚いメガネの向こうからジーッと探るように私を見つめ、「うん、いいよ」と頷く。私とは違うタイプだけれど、タカちゃんも何かを感じる力があるようだった。

「タカちゃん、明日、算数と国語の宿題、写させて? 私、全然できてないの」

試しに、思ってもいない嘘をついてみる。するとタカちゃんは、いつものようにジーッと私を見つめてから「ううん」と首を横に振る。ほら、やっぱり何かを感じてる。タカちゃんにはちゃんと大切なことが分かっている。それが嬉しくて、私は時々タカちゃんにほんの少し嘘をついた。

タカちゃんは不器用でよく転ぶし、いつもマイペースで、あれっと気がつくと後ろの道端で猫と話し込んでいたりする。そんなタカちゃんが大好きで、私はいつも彼を誘っては、近所を冒険した。

不器用で、「嫌な心」ばかり感じてしまう私の周りには、ポッと光が灯るように特別な人がいつもそばにいた。父親はいない、でも祖母がいて、母がいて、叔母がいる。友だちはたくさんいないけど、猫と話せるタカちゃんがいる。みんなとほんの少しだけ違うけど、私なりの幸せの形があった。

## 嘘つきの考えと、正直な心

心が苦しくなる……。学校にいると、そんなことがたびたび起こる。

どうしてそうなるのかを探ってみると、〝悪い考え〟をもっている子がいるからと気がついた。〝悪い考え〟は、その子の心の上にデンと座っているように感じられる。そしてその子を乗っ取るようにして、周りの子が嫌な気持ちになるような言葉を、わざとばらまくのだ。

悪口を言う子や、人を馬鹿にする子、意地悪しようとしている子には要注意。少し離れていないと、彼らのギスギスしたものに私は呑み込まれてしまう。彼らがわざと汚い言葉を話すたび、私は苦しくなった。どうしたものかと彼らの心を覗いてみるが、苦しい感情と真っ黒なものがいっぱい詰まっているだけだった。なぜかそれが、とても怖かった。

困ったときは、祖母に相談するのが一番だ。祖母の家に駆け込むと、問題の大切さが伝わるよう、私はなるたけ慎重に事情を話した。

「ねぇ、おばあちゃん。学校にいるとね、時々みんなの心と、言ってることが違うように思うの。私が〝悪い考え〟と呼んでいるものが教室中に飛び回ってるみたいでね、それって本当にギラギラしていて、嫌な感じなの。〝悪い考え〟をもっている子に近づくと、すごく苦しかったり、怖い気持ちになる。どうしたらいいのかしら？」

祖母は裁縫の手を止め、グレーがかった瞳で私の目を見つめる。まるで私の言いたいことを読みとっているようで、私は少し緊張する。

「そうねぇ……ジュネちゃんは、みんなの心が読めるのね？」

「うん。ちょっとね。ママやおばあちゃんの心は全部わかるけど、学校のみんなの心はちょっとしか読めない。でも、集中すると、その子の本当の気持ちが伝わってくる」

「そう。ジュネちゃんは、そんなふうに心が見えているのね。じゃあ、知っているかしら。心にはね、深さがあるの。心ってね、ジュネちゃんが簡単に感じているところと、深ーく感じるところがあるのよ。分かる？」

うーん？　心には深さがある？　よくよく思い出してみると、確かに違いがあるような気がした。相手がどんなことを感じているのか、ピンとキャッチできることもあれば、全く心が分からずに、相手の心の中の様子を深く探るときもある。この二つの感覚は、たしかに違っているような気がした。

「ピン！　と感じるときと、ジーッと読んでいるときは、心の深さが違うということ？」

「そう。その感じ。よく気づいたねぇ。ジュネちゃんは心の深いところにジーッと深く入って読んでいるようだね。相手の心の深いところと浅いところが一つにそろうと、ピン！とくる。ちがうかしら？」

たしかにそのとおりだ。あの「ピン！」とくる感じは、心がそろった合図だったのだ。相手が心のままに動いていると、すぐにピンときて、すっと心が読める。逆に、相手が心と違うことをしゃべっていると、全く読めない。だから深く探らないといけない。熱心に考え込んでいると、ふとハートの上のほうと下のほうがカチッと一致するような絵が浮かんだ。

「じゃあ、じゃあ、おばあちゃん。どっちが本物なの？　心の深いほうと、浅いほう、どっちが大事？」

鼻の頭がくっつきそうなくらい祖母に近づいて、興奮して聞く。祖母は私のおかっぱの髪を撫でて笑った。

「心はね、一番奥に〝愛〟というのがあるの。それが本当に大事なところ」

祖母は私の手のひらに、シワシワの指で「あい」と書いた。

あい？　あいってなんだろう……？

よく分からないけれど、祖母をじっと見ていると心の奥には素敵なものがあるということが伝わってきた。私が〝あい〟を感じ取ったようだと察して祖母はにっこり頷き、

「そう。それが、愛よ。言葉にしようとしなくても大丈夫。人はね、誰でも一番奥にそういう大切なものをもっているの。ジュネちゃんも、みんなもそうよ」

祖母の瞳はいつも温かで穏やかだ。その瞳から、彼女はいつでも愛を見ているということが伝わってきた。

「おばあちゃん、私もそんなふうになりたい。〝あい〟のところだけ見ていたい」

私は強くそう思った。意地悪な子のちぐはぐな心と表情を読んで、自分の気持ちが混乱するのはもうコリゴリだった。

祖母は微笑みながら時計を見て、「あら、ピッタリの時間」と、小さなテレビのスイッチを入れた。始まったのは、『水戸黄門』。祖母の大好きな時代劇だ。「人生楽ありゃ苦もあるさ……」と元気のいいテーマソングを聴きながら、祖母は私の顔を覗き込み、こう言った。

「ジュネちゃん、私から聞いただけではダメなの。たとえばこの歌はね、困ったことがあるからこそ、道が開けるって意味なのよ。おかしいなって思うことがあったら、自分で知ろうとして前に進んでごらん。知りたいと思うことが、人生の道を開いていくのに大切なことなの。ジュネちゃんは、心を知りたいって思ったのよね？　それなら、しっかりヒントを探して、最後まで学ぶ旅をしてごらん」

一つひとつ、私の心にちゃんと伝わるように、ゆっくり祖母は言った。

「……困ったときは、逃げちゃいけない。知りたいと思うことを、最後まで学ぶ旅に出る？」

祖母の言葉をくり返してつぶやいてみる。

ほんのりとだが、嫌だなと感じていた意地悪な子の心と、出てくる言葉のちぐはぐが、宝のありかを解く大事なヒントのように思えてきた。

そうか。心について学ぶって、冒険と同じだ！　タカちゃんと出かける、ワクワクする冒険のことを思い出した。知らない小道を抜け、広い丘の上に秘密のような小さなブランコを見つけたことがある。ひっそりとあった小さなお菓子屋には、おまじないが書かれた色とりどりのジェリービーンズが売られていた。自分だけの宝物を見つけたような、あの感覚。私は秘密を見つける冒険が大好きだった。私にとっての宝物は〝あい〟なんだ。

心をどんどん知る冒険に出かけたら、〝あい〟がどんなものなのか分かるのかもしれない。そして私は、いつか〝あいの博士〟になるかもしれない。そう考えると、心がワクワクしてきた。気をよくした私は、水戸黄門を見ながら、冒険日記をつけようと決めた。

〝あい〟をみつける冒険の始まりだった。

## いじめっ子と苦しみの時間

心を学ぶ。そう決めると、みんなとの距離が少しずつ近くなっていった。なぜ心と言葉や表情がちぐはぐなのか、少しずつ会話してみようと思ったのだ。すると苦手だったみんなとの会話にも少し慣れ、みんなとの間にあった壁も、だんだん消えていくような気がした。

私は口下手だったので聞き役にまわるか、せいぜい簡単な質問ぐらいしかできない。他愛もない相談ごとや愚痴を聞いたり、相手の思っていることに耳を傾けながら「どうしてそう思うの？」「本当はどう思っているの？」「それってどんな気持ち？」と尋ねると、クラスメイトは「うーん」と考え込む。そしてふと、とっておきの答を見つけたような、ピンときたような顔をすることがあった。

祖母が教えてくれた、ハートの深いところと浅いところが一致する感覚。そんな瞬間を迎えると、誰もがスッキリした気持ちになるのだと分かった。

ようやくみんなとの距離感が分かってきたころ、中学へ進んだ。すると、状況は一変した。

中学校はいじめが盛んで、教室はストレスと危機感に満ちていた。〝先輩〟という緊張感のある言葉によって、多くの子が支配されているようだった。次第にクラスの中にも、苦しみがじわじわと広がっていった。

朝教室のドアを開けると、みんなの強い不安感が私の心へ飛び込んでくる。なぜか私の心を読む力は、人の不機嫌をキャッチするのが得意らしい。ドアを開けただけで、今日は誰がいじめのターゲットなのか、何を仕掛けるのかがありありと伝わってくる。私は体を目いっぱい緊張させて、席に着く。いじめっ子たちは、さっき予感した感覚そのままに、心ない無視や、大きな声であからさまに悪口をしゃべって、それを実行していく。こんな悲しい予知能力なんかいらない、と私は心の底から思った。

そんな日が続き、私は強いストレスを感じていた。そしてある日、教室を出ようと立ち上がったとたん、目の前が真っ赤になり、バタンと倒れた。それを三回繰り返し、母に連れられて病院に行った。初めて受けるＣＴスキャン。神妙な顔で先生はさまざまな検査を

してくれたが、安心と困惑が半分ずつ入ったような表情で、

「お嬢さんの脳は正常です。どこにも問題は見当たりませんね」

と告げた。

母は初めから分かっていたように軽く肩をすくめると、

「あら、それはよかった。昼食はおばあちゃんちに行ってね」

と私の頭を撫でて、軽やかに仕事へ戻っていった。


祖母の家に行くと、彼女は日当たりのいい窓辺の椅子で洋裁仕事をしていた。私の顔を見て「よく来たね」と微笑み、ベランダの菜園へ誘った。小さな家庭菜園には、エンドウマメが可愛らしい実をつけていた。

「お豆さんにはたくさんのパワーが入ってるのよ。お昼ごはんは、元気な野菜からパワーをもらおうね」

祖母はプチプチと器用にエンドウマメを収穫する。穏やかな時間だった。

太陽に向かって大きく伸びをし、息を吸う。埃っぽい日向《ひなた》の暖かさが入ってきて、一つ大きなくしゃみが出た。たったそれだけのことがやたらに嬉しく、ポロポロ大きな涙が出た。悲しかったのではない。安心したのだ。

陽に当たりながら泣いていると、ここにいるのが本当の私だと気がついた。学校では、みんなの気持ちに呑み込まれてしまったのだと自然に分かった。

「……おばあちゃん、学校がね、みんな苦しい感じになってる」

「そう。それは辛いねぇ。……私の若いころにもね、そんなふうにみんなが苦しい思いをしたことがあったわ」

祖母は、いつものように丁寧にザルの中のエンドウマメを並べた。採りたてのエンドウマメが、宝石のように貴重なものに見えた。

「ピューンピューンって学校の上を砲弾が飛んでね。逃げなさいって言われて、みんなで教室から逃げ出した。だけどね、ちゃんと分かってた。こんなことは、ずっと続きはしないって」

エンドウマメを台所へ運び、野菜や果物を並べて、祖母はジュースの準備を始めた。

「嫌なことがあるときこそ、自分の心がどうしたいかって感じるの。そのために心はあるのよ」

ハッとした。自分の心がどうしたいか？　それを感じるってこと？　そんなふうに考えたことはなかった。あの教室で、私はどうしたかったのだろう？　トクトク鳴る心臓に、そっと手を当てて考えてみる。

祖母はいつものように、ゴロゴロと丁寧にジューサーのローラーを回す。

「ごはんの前に、今日はとっておきの甘いジュースを作ろうね」

リンゴを半分に割る。輝くような蜜が真ん中にいっぱい入っていた。

「美味しそうでしょう？　リンゴの実はね、木になるの。知ってる？　リンゴは小さな白い花から始まるのね。寒い日もあるし、雨や風の日もある。少しずつ少しずつ成長して、ゆっくり大きくなっていく。ほら、こんなに立派になって、蜜まで蓄えている」

「小さな花が、そんなにおっきくなるのかぁ。すごく時間がかかるね」

「そう。だからジュネちゃんも急がなくていいよ。ゆっくり、じっくり大きくなってね」

まっ赤なリンゴを私に見せ、「ジュネちゃんのほっぺそっくりね」と祖母は笑った。

祖母は私に、時々しっかり線引きをした。何もかもを教えようとはしない。そんな祖母の話は、いつも秘密めいていて大好きだ。祖母が作ってくれた甘い薄緑色のジュースを飲むと、すっかり元気になったような気がした。

「さて、腹ペコのジュネちゃんにごはんを作ろうか？」

「手伝う！」

この時間が大好きだった。

時々祖母は、「ちょっと行ってくるわ」と言って、古いサムソナイトのトランク一つを手に、ふらりと海外へ行く。祖母の家にある美しいガラス棚には、お土産に買ってきた世界中からの小さな人形が並んでいた。祖母はいっぱい秘密をもっていて、穏やかで、そして何でも知っている不思議な人だった。

## 一人きりの作戦会議

自分で乗り越えよう……。そう覚悟を決めたものの、それからもいじめはどんどんエスカレートしていった。とうとう私もいじめの対象となり、無視されたり、あからさまに嫌な言葉を浴びせられて、学校がどんどんギスギスした雰囲気になっていった。どうしたらいいのだろう？　それでも以前とくらべて落ち着いて状況を受け止められたせいか、ストレスはほとんどなくなっていた。

ある日、私は白い紙とペンを用意し、自宅の広いダイニングテーブルに座った。母は困りごとがあると、いつもそうやってテーブルに座ってコーヒーを飲みながら「うーん、うーん」と考えごとをする。母を真似て、私は真っ白な紙に向かって慎重に書きはじめる。

私の心は何をしたがっているの？　私は教室をどうしたいんだろう？　私の心は何を知りたがってるの？　どうしていじめが起こるの？　みんなの心……みんなの心はどうしたがっているんだろう？

紙に書いていくと、ふと小学生のころの教室を思い出した。あのころは心の探偵をして、みんなの心を探っていた。さらに思い出した。あのころの私はみんなに、ただ思いつくことを聞いていた。

「そうか。小学校のころみたいに、ただ聞いてみればいいんだ！」

それは素晴らしいアイデアに思えた。

次の日。私はしっかり心を感じようと気持ちを定め、勇気を出し、いじめをしている女の子にストレートに尋ねた。

「ねぇ、どうしていじめをするの？」

核心をついた突然の言葉に、その子は目が飛び出そうなほど驚いたようだった。そして、バツが悪そうにそっぽを向いて、黙ってしまった。さぁ、心を読むときだ。私は真剣に彼女の心の声を感じ取ろうとした。すると、

（いじめなんてしたくない。バカにされたくないだけ）

という、想いが伝わってきた。いじめなんてしたくない？　そう感じたけど、本当だろうか？

「……もしかして、仲良くするやり方が分からないの？」

真剣に心を読んでいたので、ついそんな言い方が口から出てしまった。彼女は鬼のような形相になり、私を突き飛ばした。

「なによ、あんた、突然変なこと言って！　何のつもり、優等生ぶって、むかつく！」

机を蹴飛ばし、教室を出て行った。

尻餅をついたまま、私は考えた。どういうことだろう？　いじめっ子の心の中といえば、悪魔のような悪い気持ちでいっぱいだとばかり思っていたのに。どうやら実際は違うようだ。自分をコントロールできなくなっていることに、彼女は苦しんでいるみたいだった。

がぜん興味を感じた私は、他のいじめっ子たちにも同じ問いをした。今度は突き飛ばされないように、少し距離をとることを忘れずに。

「どうしていじめをするの？」

そう聞くと、誰もが怒ったり、怒鳴ったりした。でも、どの子の心からも（怖くてやめられない！）という叫びと、苦しみのような感情が伝わってきた。

なるほど、分かった。いじめっ子は、不器用なのだ。誰もがこの不器用なゲームに呑み込まれ、いじめをやめられなくなっていたのだ。

四十人の生徒たちがひしめき合う教室。トゲトゲしたみんなの緊張感。その実、問題の本質は、とてもシンプルだった。延々と終わりのない、いじめのスパイラル。その答が見えたような気がして、あんなに苦しかったいじめのすべてを滑稽だと感じた。肩の重みが、いっぺんにとれた気がした。

教室を見渡し、息を吸った。自分の体のどこにこんなにパワーがあったのかと思うほど、大きな声が出た。

「もうやめよう。やめようよ。みんな、こんなことやめたがってるんでしょ？　もうやめよう。先生のところ、行こう。謝りたい人、ほら、いま謝って。いますぐ、ここで全部やめよう！」

クラス中がシーンとなった。唖然とするみんなを連れて、先生のところに行った。もちろん、いじめっ子の手を引っぱることも忘れなかった。不思議なことに、彼女たちは少しも逆らわなかった。いじめっ子のか細い手の感覚を感じながら、こうして手をつないで触れ合えたことに、なぜか涙が出そうになった。

先生にこれまでのことを告白すると、みんなワーワー大泣きした。そっぽを向いていたいじめっ子も、先生に目を向けられた瞬間、泣き出した。きっと、ずっと怖かったのだと思う。やっといじめが終わる！　張り詰めていた緊張が解け、みんな安心したように、泣いていた。

このとき、みんなと同じように泣いていた私は不思議なものを目にした。女の子の体の周りにあるオーラがフワーッと大きく広がったのだ。

……すごい！　人ってオーラに守られているんだ。直感的にそう感じた。

すると、それにつられるように、みんなのオーラも大きく広がっていった。泣いていることも忘れ、私は呆けたように、みんなのオーラを見ていた。

まるで風船が空に向かって一斉に放たれたような解放感だった。これが許し合うという力なのだろうか。大きくのびのびと広がっていく、みんなのオーラ。そんな光景を見ながら、涙がしょっぱくて、それにまた安堵した。

（第2章）

# 自分の心の見つけ方

## 自分の心を知る方法

いじめは収束した。けれど、一つ大きな悩みができた。ある女の子のひと言が原因だった。

「優等生ぶって、むかつく!」

怒りに任せて言い放った言葉。それが心に引っかかったまま取れないでいた。

私はまた紙を用意し、ダイニングテーブルに陣取った。真っ白の紙の真ん中に、「優等生」と書いてみる。よくよく考えてみると、「優等生」という言葉に、なにか違和感を覚えた。ふと「良い子」という言葉が浮かんだ。とたんに心臓がバクバクした。どうやら私は自分の心の中で、大切な何かを掘り当てたようだった。

困ったときは、いつも祖母の家に自転車を走らせる。ドキドキする心臓を何とか押さえながら、祖母の家を目指した。暖かな祖母の家に入ると、番犬代わりの陶製のダルメシアンが、つやつやした鼻を光らせ私を見上げていた。いつもの光景に、少し気持ちが落ち着いた。祖母は驚くほど香りのよい紅茶を、優雅なしぐさでいれてくれた。

「それで……ジュネちゃんは何をお悩みなのかしら?」

なんだか今日は、祖母の雰囲気が違って見える。まるでこれから占いでも始まるような空気だ。

「おばあちゃん、私ね、どうやら〝良い子〟の自分が嫌いみたいなの」

口にした瞬間、みんなに〝良い子〟だと思われるのが嫌だったのだ、と気がついた。

「あら、それは大切なことに気づいたのね。そうね、良い子っていい言葉に思えるけど、ジュネちゃんが、自分と他人を間違ってとらえてしまっている、ということかもしれないね」

「自分と他人を、間違ってとらえてる？」

どういうこと？　混乱して祖母を見上げると、祖母はくすりと笑った。

「ジュネちゃん。私たちの目はね、外を見るようについている。そうすると人のことや外の世界のことがよく見える。でも、それは自分のことじゃない。外のことなの」

「……外のこと？」

「そう。そうやってずっとみんなのことを見ているとね、いつの間にか、自分のことがあまり見えなくなってしまう。みんなの幸せな顔が、幸せのバロメーターなんだって勘違いしてしまうのね。でも、本当はそうじゃないのよ。ジュネちゃんにはジュネちゃんらしい幸せのものさしが心の中にあるの」

「ここにね」

と胸に手を当てた。

……私らしい幸せのものさし？　その言葉に緊張していた体の力がゆるっと抜けて、探していた答が見つかったような気がした。そうだ、私は相手の心を気にかけるばかりで、自分の心を見ていなかった。

「おばあちゃん、私、それが知りたかったのだと思う。でも、自分の心を読むにはどうしたらいいの？」

続きを聞きたがる私に、祖母はジンジャークッキーをすすめた。ほら、やっぱりいつもと違う。これはお客さん用のクッキーだっていつも言ってるのに。私は特別なクッキーをそっとつまみ、祖母に仕立てを頼みにくる貴婦人になったような気持ちで、上品に、小さく齧った。

「とっても簡単よ。一番最初に、誰かのことを考えるのではなく、まずジュネちゃんがどうしたいのかを感じるようにしてみてごらん？　こうしたいなと思ったことには、もしかすると、どうしてそう思ったのか理由も浮かばないようなことがたくさんあると思うの。でも大丈夫、それでいいの。不思議に思うかもしれないけど、自分が幸せになることを、心はいつだって、全部初めから知ってるのよ」

心は、自分の幸せを初めから知ってる？

そう考えると、ワクワクしてきた。私の心は何を知っているんだろう？　私の心は、私をどこに連れて行ってくれるのだろう？

その日初めて、私は人の心を読むのではなく、自分の心に問いかけることを覚えた。

## エネルギーの書『聖なる予言』

祖母にアドバイスをもらってから少し経って、学校で「進路調査表」が配られた。高校選び。人生初の受験だ。

心を読むまでもなく、母の望みは学区一番の高校だと分かっていた。けれど、大切なのは母の望みではなく、私の幸せのものさしだ。

自分の願いを知ろうと、私は自分の心を読んでみる。集中し、自分の心に意識を合わせる。しかし心はシーンとするばかりで、何も感じられない。何度やっても同じだった。

仕方ない。「よし、行こう！」私は覚悟を決め、実際にそれぞれの高校に行ってみることにした。

一番校は、街の喧騒の中にあった。快速電車が走り抜ける騒音と、淀んだ匂いのする汚れた小川。ちょうど下校中だった生徒たちの顔がなんとなくロボットのように無表情に見えて、心はちっともときめかなかった。

ここはパスね。学校を後にすると、面白いほど心も足取りも軽やかになった。どうやら本当の答を知っているのは心だけではないらしい。体も大切なことを知っているようだった。

ウキウキした足取りで二番手、三番手の高校に向かう。どちらも海に面した素晴らしい環境だった。小さな電車に乗って、キラキラ光る海を眺め、駅から学校の門まで歩く。ある学校の前に立った瞬間、特別な感覚を感じた。

「あ……ここで、いいんだ。誰かに会える気がする」

それは〝未来を知っているような感覚〟だった。祖母の言うとおり、理由は浮かばなかった。でも、私の心はこの学校に大きく反応していた。ここで私は、私らしい自分になれる気がする。強くそう感じた。

その夜、恐る恐る母に自分の行きたい学校を話してみると、意外にも「ふぅん、いいんじゃない」と快諾してくれた。さらに母の心から、それまで感じたことのないものを感じた。娘を頼もしく思う気持ちだった。初めて自分で選んだ道は優等生の道ではなかったが、母からの思いも寄らぬ気持ちに、少し大人になった気がした。

毎朝、海岸沿いを走る小さな電車に乗り、ガタゴト揺られ高校に向かう。二年生になったころ、電車の中で音楽を聴きながら本を読んでいると、ふと男の子と目が合った。彼も同じように本を読んでいたようで、手には書店のカバーがかけられた本をもっている。みんなが夢中で話している中、私たち二人の間にだけ、ゆっくりした静かな時間が流れているように感じた。まるで、二人だけ異次元空間にいるような感覚。まっすぐに見つめる彼の目線に吸い込まれそうになり、私は我に返り、フルフルと頭を振った。その後も通学の電車で男の子とは何度も会った。いつも彼は本を読んでいた。

ある日の放課後、廊下の角でばったりその男の子と出会った。驚いた表情のまま、彼はなぜか固まっている。これはチャンスにちがいない。そう思った私は、勇気を出して声をかけた。

「ねぇ、いつも電車で本を読んでるよね？　何を読んでるの？」

どんな本を読んでいるのか、ずっと気になっていたのだ。上履きの色から判断すると、彼は一学年下のようだった。

突然話しかけられた彼は驚いた表情で私を見ると、何か思い当たったようにリュックから一冊の本をとり出した。

「この本。今日、なんかもっていかないと……って気がしたんだ。あげる！　読みたくなかったら、捨ててもいいから」

思わぬ展開にポカンとしながら、私は本を受けとった。

「……『聖なる予言』?」

どういうことだろう? まるで今日私と会うことを知っていたみたいな言い方だ。気まずそうに、慌てて帰っていく彼を見送り、さっそく電車の中で『聖なる予言』を広げてみた。そこには驚く内容が書かれていた。


「ペルーの古文書に〝エネルギー〟という見えない力を感じる方法が記されている。このエネルギーを感じられるようになると、人は運命に導かれ、出会うべき人と出会い、自分が大きく変容し、そしてこの世界の仕組みがわかるようになる」

エネルギー? エネルギーという言葉は知っていたが、実際にどういうものかまでは考えたこともなかった。夢中で読みすすめると、この本には、私が小さいころから感じていた、人の心や周囲の環境を〝エネルギーとして感じる〟方法が、詳しく書かれていた。

私は電車を降り、さっそく本に書かれている内容を真似て、道路わきの樹木のエネルギーを感じてみた。ベンチに座ってぼんやりと木を見つづける。するといじめっ子たちと仲直りしたときに感じたオーラが、木々の間にふわりと感じられた。葉っぱの一枚一枚がダイレクトに自分の感覚へ飛び込んでくる。まるで木々が囁き合い、共鳴しているようだった。木々の美しさ、木のもつエネルギーの豊かな感覚に時間を忘れ、私はしばらく駅のベンチでぼうっと木を眺めていた。

『聖なる予言』は、まるで私のもつ能力の解説書のようだった。

例えば子どものころから嫌だなと感じていたことがあった。クラスメイトが人を羨ましがらせたり、悔しがらせたりして、相手の気を引こうとする態度だ。それは相手のエネルギーを奪う行動なのだ、と本に書かれてあった。他人のエネルギーを奪っているから、私は嫌だと感じたのにちがいない。

なるほど。そう分かると、嫌だと感じる気持ちにも、ちゃんと理由があるのだと安心できた。嫌だと感じることで、自らに他のエネルギーを奪うことを禁じ、つまり私は自分を守っていたのだ。

また、エネルギーを奪う人とは逆に、エネルギーをアップさせてくれる相手がいることも分かった。人をコントロールしようとせず、相手を認め、見守り、ここぞというときに助けてくれるような人だ。母や祖母やタカちゃんは、私をコントロールしようとせず、いつも私を見守ってくれている。彼らはいつもそばにいて、私を認め、エネルギーを高めてくれていたのだった。

また、私はこの本に何度も出てくる言葉に強く惹かれた。「シンクロニシティ」だ。シンクロニシティは共時性、意味のある偶然の一致、そういうことを示す言葉のようだ。

ふと考えてみれば、この学校に出会い、そして本をくれた彼と出会った感覚、まさに〝意味のある偶然の一致〟そのものだった。さらにこの感覚をつかむには、「自分の心に気持ちを向け、自分の感覚に気づき、心が示してくれる方向を追いかける」と書かれてある。ということは、物語は、すでに高校を選ぶところから始まっていた。この本を受けとるために、私たちは出会ったのだ。

## 海の見える秘密の図書室

翌日、私は彼の姿を探し、一学年下のクラスへ向かった。ちょうど私の真下の教室で、彼は友だちと談笑していた。私に気づくと、彼はまたひどく驚いた顔をして、少し考えてから上を指差し、「ほ・う・か・ご、と・しょ・し・つ」と、ひと言ずつ声に出さずに言った。声は届かなかったけど、ハッキリそう伝わり、私は頷いた。

放課後の図書室から、西に傾いた太陽と大海原が見渡せた。開け放たれた窓から優しい風が入り、何人かの生徒が静かに本を読んでいる。学校の中にこんなに心地よい場所があったのか、と新たな発見に感謝した。彼がいた。近づいてみると、物理学の棚の前で本を探しているようだ。私の気配に振り返り、またあの驚いたような顔をした。

「……ねぇ、どうしていつもそんなに驚くの？」

感謝を伝えようと思っていたのに、その表情に、つい質問が先に口をついてしまう。

「や、あなた。なんかすごいパワーが強い感じで……ごめん」

たどたどしい返事だったが、彼も『聖なる予言』に書かれているエネルギーを感じることができるのだと理解する。

「エネルギーが分かるの？　だから本をくれたの？　あ、忘れてた、本をありがとう。面白くてビックリした」

ようやく感謝が言えたことで、私は安心した。

「こっち」

彼は開け放たれた窓の横にある、カウンタースペースに私を案内した。

「ここなら、話してもあまり迷惑にならないから」

図書委員なのだろうか。カウンターの席に腰かけながら、器用な手つきで私にスチールの簡易椅子をすすめてくれた。スチール椅子は思いのほか高く、彼が私を見上げる格好になった。彼が背筋を伸ばす仕草に私は敬意を払い、背筋を緩めた。ちょうど同じ目線になった。

「椅子をありがとう」

「僕は正直、エネルギーとかはよく分からないんだ。いや、何となく理解できるけど、感覚的にしか知覚できないっていう意味だね。ただあなたには、初めて会ったときから何かを感じた。なんだかパワフルに、光って感じるんだ」

「光って感じる？」

「そう。よく分からないけど、いつも眩しく、光ってる感じがするんだ。で、ビックリする」

うまく言えないなぁ……と彼は頭を振った。彼は感覚的なことが苦手なようだ。きっと私のオーラを感じているのだろう。

「あの日は朝からおかしくてさ、あの本も、突然何かに（もっていけ）と言われたような気がして、半信半疑でもっていったんだ。で、きみに会ってピンときたから、本を渡した」

彼は二冊の本を私に見せた。『神々の指紋』『超ヒモ理論』とあった。

「この本、知ってる？『神々の指紋』にはこうあるんだ。宇宙の視点から見ると、エジプトのあの大きなピラミッド群が、オリオン座の三つ星の配置と同じように建っていることが分かると記されている。『超ヒモ理論』は、まだ完全に解明されていないけれど、目に見えないミクロの世界まで探求していくと、僕たちの世界がすべてヒモのようなもので成り立っていることが分かる、と書かれている」

宇宙という言葉が出て、私は少し違和感を覚えた。宇宙と言われて私がイメージするのは、スペースシャトルや星だ。でも彼から伝わってくる「宇宙」というフィーリングは、もっと別のものに感じた。

そこでハッと気づいた。彼の心は、読もうとしなくてもダイレクトにすぐ感じ取れる。家族以外で、そういう人に出会うのは初めての経験だった。心が読めると分かれば、会話は簡単だ。相手の感覚に合わせて、彼が重要だと感じている方向に話を進めればいい。

「あなたは宇宙に興味をもっているの？」

「当たり。僕たちはすべて宇宙素材でできているんだ」

「宇宙素材？」

初めて聞く言葉だった。

「宇宙に存在するすべてのものは、素材はみな同じ。配列が違うだけだと僕は考えている。きみも、僕も、同じ素材でできている。だから、エネルギーが二人の間に流れることで通じ合える。こういう本を読んでいると、そういうことが分かってくるんだ」

彼の話は、まるで先生か研究者が話しているようだ。しかも一つひとつの言葉からまっすぐ彼の想いが伝わってきて、難しそうな話も鮮明に理解できる。

「さっきから不思議に感じているんだけどね、私はあなたの言うことがよく理解できるの。『聖なる予言』に書かれているように、エネルギーが通じ合ってるというのがよく分かるわ」

「それは、僕が流れをコントロールしようとしていないからだと思う。『聖なる予言』に出ていたよね？　人をコントロールしたり、エネルギーを奪おうとすると、相手はとたんにパワーを失ってしまう。僕は、本のようにしっかりエネルギーを感じることはできないけれど、少しはそれを実践できているってことだよね。きみのおかげでそれが分かった。あの本をもっていったかいがあったな」

嬉しそうな表情に、彼もまた『聖なる予言』を読んで、エネルギーを感じる練習をしていることが知れた。

「突然の思いつきで渡してしまったけど、あの本は役に立ちそうかな？」

「もちろん！　まるであれは、私のために書かれた本じゃないかと思ったくらいよ。エネルギーを理解するって初めての体験だったけど、木々を見ながらエネルギーを感じる練習をしてみたの。木や葉っぱのエネルギーがものすごく鮮明に感じられて驚いた」

「そう。それはすごいな。また気になる本があったら貸すよ。きみにはいろんな本が必要な気がするんだ。ちがう？」

そのとおりだった。心が中途半端に読める私は、友だちと遊ぶよりも、本を読むほうが好きだった。

「うん。本は大好き」

すると、彼はまたカバンから重そうな本を出して、私に渡した。

「まさか今日会えると思わなかったんだけど、実は今朝も、これをもっていったほうがいいって感じたんだ。これは僕の本だから、期限なしで読んでくれていいよ。気に入るといいけど」

驚くほどにずっしりと重く、分厚い本だった。

『ソフィーの世界』

その重い本を受けとりながら、彼はずいぶん純粋な人なのだと感じた。私だったら、この本の重さにためらって（もしかすると気のせいかもしれない）と学校にもっていくことを躊躇するかもしれない。

「ソフィーの世界？」

「そう。なんとなくだけど、きみには自分のことを知る本が必要な気がする。ゆっくりでいいから読んでみて」

その言葉に、私はドキッとした。

「ビックリした。本当に本を選ぶセンスがいいのね？　ちょうど自分のことを知りたいと思ってたの。すごく嬉しい。ありがとう」

彼がニッと笑うと、タイミングよく司書の先生が来て、彼は先生に見えないようにペロッと舌を出し、「またね」と小さく囁いた。

「うん、またね」

作業に戻りかけた彼が、小声で聞いた。

「……忘れてた。名前は？」

「ジュネ。……あ、いま、変な名前って思ったでしょ？」

また彼は驚いた顔をしたので、私はつい余分なひと言を付け足した。

「そう？　あまりにきみにぴったりで驚いた。僕はリュウ。よろしく」

外国人のように手を出す。人生初の握手だった。

図書館の窓際へ行き、その本の最初のページを開けると、心がドキッと高鳴った。

「あなたはだれ？」

とあった。

まさに、私が知りたいことだった。

## 間違った運命探し

ある日、学校からの帰りに立ち寄った書店で、壁際に貼られたコルクボードがふと気になった。家庭教師や習いごとを募集する掲示板だ。何気なく見てみると、丸っこい字で「バンドメンバー募集」と書かれた紙があった。

「ドラム・ボーカル募集！　未経験大歓迎！」

たくさんあるチラシの中で、この黄色いチラシだけが、鮮明に浮かび上がって見える。

……もしかして、シンクロニシティ？　誰に見られているわけでもないのに、辺りをキョロキョロ注意して、チラシから電話番号を一枚ちぎった。ドラムは小学生のころに習っていたし、ボーカルも習ったことがある。まるで私を探してくれているような気持ちになり、思い切って電話した。コールが鳴り、お母さんらしい明るい声が出た。「たっちゃん、たっちゃ～ん！」と募集主を呼んでいる。

バンドの募集主たっちゃんは、大きな声で、

「やあ、電話してくれてありがとう。ちょうどこれからみんなで集まるんだ」

と、家の場所を教えてくれた。

たっちゃんの自宅は、驚くほど大きな豪邸だった。レンガで囲まれた、雰囲気のよい重

厚な造り。どんな人が住んでいるんだろう？　ドキドキしながら呼び鈴を押すと、中から顔色の悪い太った男の子と、ニヤニヤ顔の細身の男の子が出てきた。

うわっ、感じ悪い！　……どうしよう？　サインを間違ったかもしれない。格好いいロックバンドとはほど遠い印象の彼らに、シンクロニシティの間違いを悟った。落ち込む私をよそに、彼らは楽しそうに自己紹介を始めた。

「いやぁ、まさかバンドに女の子が来てくれると思わなかったなぁ。俺はタツミ。ベースなら任せてくれ。そしてこっちは相棒のジム」

「よろしくな！」

ベージュで統一された心地よいリビングに通されたものの、汗臭く、おしゃれとはほど遠い男子たちを前に、どうやってこの場から逃げ出そうか思案していると、

「ごめん、遅くなった！」

とギターを抱えた男の子が入ってきた。彼を見た瞬間、不思議な感覚が私を包んだ。全身の細胞が粟立《あわだ》った気がした。

彼が入ってくると、光が差したようにその場が華やぎ、居心地の悪かったリビングが別の部屋のように明るくなった。真っ白で透けるような肌に、可愛らしい八重歯。女の子のような整った顔だったが、学ランは男性を示していた。大きく輝くその金色のオーラに、

私は圧倒されていた。

「ちょうどいまそろったとこだ。こいつはヨシ。ギターリスト。学校中探し回って、どうしてもこいつに頼みたくて、三カ月粘ったんだよなぁ」

と嬉しそうに紹介するたっちゃん。ヨシはニッコリ微笑みながら、

「はじめまして、どうぞよろしくね。あーあ、ほらお前ら。女の子がいるんだから、もうちょっと小ぎれいな格好しないと。バンドマンはおしゃれが肝心だろ。知ってるか？　おしゃれになると、清潔感が漂うだけでなく、女の子にモテるという特典が付いてくる！」

ヨシの言葉に、私は息が止まるかと思った。彼は、私の不満げな心をすっかり読んでいるようだった。

「おしゃれするとモテるのか！　よし、俺、おしゃれになるぞ」

男の子たちは、ヨシの言葉にテンションを上げはじめる。すごい。人の気持ちってこんなふうに変えられるんだ。

目の前で起こったマジックを感心して見ていると、ヨシは重そうなギターを軽やかにケースから出した。美しく磨かれた乳白色のギブソンだ。小さなエフェクターをつなぎ、思うまま奏ではじめる。繊細な出立ちとは真逆の、お腹に響くような、重々しく太い音だった。

「どう？　俺のホワイトファルコンで、お前らと未来へ進んでいけそう？」

横のたっちゃんを見ると、なぜか涙をこぼしそうに感動している。

「俺、この音が欲しかったんだ……」

たっちゃんのオーラが、大きく広がり震えていた。

私が心を追いかけ、シンクロニシティを探したように、彼らもずっと心に響く音を探していたんだ。外見で人を判断したことを、私は深く反省した。

帰り際、私はヨシに尋ねてみた。

「ねぇ、ヨシは話すのが本当にうまいね。みんなの気持ちをどうすればいいか、心が全部見えてるみたいだった」

すると、ヨシはキョトンとした表情で私を見た。

「そう？　そんなこと初めて言われたな。俺ね、なんとなく、どうしたらみんなが楽しんでくれるか、自然と分かるんだ」

自然と分かる……？　私が自然と心が読めるようになったのと、同じような感覚だろうか。

「自然に？　それ、いつからできるようになったの？」

「え、生まれたときからだよ。俺、魂の記憶があるんだ」

「魂……？」

私の人生で、魂という言葉が出てきた、初めての瞬間だった。

スタジオで練習したり曲を作ったりしていると、ヨシは時折不思議なことを話しはじめることがあった。小さいころ、透明な光の階段が空に続いていたこと。ヨーロッパの古い街並みに暮らす、別の自分の記憶。この星を出て、他の星で暮らしていた記憶。途方もない時間をかけて宇宙を飛んで旅した記憶……。私たちはそこからインスピレーションを得て、歌詞や曲を書いた。

「俺たち本当は、死なないんだと思う。体が朽ちてこの世界を去っても、魂は死なないんだ。だから魂はいろんなことすべてを覚えているし、この世界のことも全部把握している」

ヨシの話を聞いていて、祖母が「心はすべて初めから知っている」と教えてくれたことを思い出した。

「おばあちゃんが、心は全部初めから答を知ってるって言ってた。それと同じ感じ？　心と魂ってどう違うの？」

混乱する私に、ヨシはギターを置いて、クスクス笑う。

「そうやって悩んでることも、きっとジュネの魂は楽しんでるんだよ。魂って俺らのハートの部分で体と深く一致してる。魂はずっと俺らを見てくれていて、サインを送ってくれるんだ。だから心はワクワクするし、大事な奴らと会えるようにしてくれてるんだ」

「魂がサインを送ってくれる？」

もしかすると、『聖なる予言』に書かれてあったシンクロニシティは、ヨシの言う魂からのサインのことではないだろうか？

バンド募集の黄色いチラシを見つけたときの、ふとそこだけが浮き上がっていた感覚。電車の中でリュウと目が合ったときの、異次元に入ったような独特の感覚。そしてこの、魂という言葉に出会ったときのドキドキする感覚。

シンクロニシティは、私たちが自分の魂とつながるときに感じるものなのかもしれない。そう考えると、お腹の下のほうから深く納得する感覚が沸き上がってきた。私の心は、魂とつながろうとしているのかもしれない……そんな気がした。

## 魂のサイン

そろそろ進む大学を決める時期が来ていた。正直なところ、どういう人生を進むべきなのか、私は少し迷っていた。どの大学のパンフレットを見ても、私の胸はシーンとしたままで、ときめくことはなかった。私が魂とつながれる運命の場所はないのだろうか？

何となく図書館でリュウに会えそうな気がして放課後訪ねてみると、めずらしくジャージ姿で本を読んでいた。

「ジャージってめずらしいね。体育だったの？」

リュウはニッと笑うと、

「そう。体育が終わって片づけしていたらね、突然図書館に行かなきゃいけない気がして、ソワソワするんだ。仕方がないから、そのまま来た。誰かさんが呼んだのかな？」

どういうわけか、リュウはいつも私と会うサインを上手にキャッチするらしい。不思議な出会いをした私たちにとって、それはごく自然なことになっていた。

「それは助かったわ。特にどうっていうわけじゃないんだけど、ちょっと話したくなって」

「へぇ、どんな話かな？」

パタンと読んでいた本を閉じて、リュウはこちらに目を向けた。本の表紙に『ＦＢＩ心理分析官』というタイトルが見えた。

「何の本？」

「これ？　あぁ、ＦＢＩのプロファイリングの本」

「プロファイリング？」

「心理学を応用して、犯人の体格や年齢、性別から嗜好まで当てるんだ。心理学は目に見えない心を扱ったり、相手の動きを読んだりするだろう？　プロファイリングは心理学というよりも、エネルギーを読んでいくのに近い……と僕は思ってる」

「へぇ、心理学ねぇ……」

「なかなか奥深いよ。人類の未知の可能性を深く探っていく超心理学から、集団を把握したりコントロールする集団心理学、それに今は、産業にもいろいろな場面で心理学が使われている。少しズレるけど、人類学や人間工学、そして歴史や哲学なんかも、結局のところ心理学につながっていくよね。どんな学問でも、結局は人の心と宇宙につながっていくんだ」

リュウが話しだすと、すべてが宇宙につながる。まるで彼の中に宇宙の方程式が入っているかのように、どんな話題もいつも宇宙につながっていく。

「心理学か……心を学ぶ」

幼いころ、祖母と約束した「心を学んで〝あい〟を探す」という言葉が浮かんだ。するとドキドキと自然に鼓動が高鳴りはじめた。いつもの感覚。これだ。魂のサインだ！

「リュウ。ありがとう。私、分かった気がする」

そのひと言で、彼はまたニッと笑って、手を上げハイタッチする。ヒントだけでなく、元気ももらった気がした。

図書館の窓からは、いつものように気持ちのいい海と空が広がっている。快晴の空にカモメが飛んでいた。海を見ながら、思い切り息を吸う。そして、ゆっくり吐き出す。

よし、決めた。心を学ぶ冒険の続きをしてみよう。そう決めると、またトクトクと心が動き出したような気がした。

## 運命の待ち合わせ

心理学を、どの大学で学ぼう？　そう考えて、私はまた実際に学校へ行ってみることにした。

気になる大学の受付で見学の手続きをし、キャンパスをキョロキョロ見渡しながら歩いていると、「きみ、ここの学生かい？」と後ろから声をかけられた。

振り返ると、大きなスカイブルーのオーラが目に飛び込んできた。圧倒されながらよく見ると、背が低く恰幅のいい、人のよさそうな中年男性がニコニコして立っていた。ずんぐりとした風貌に、澄んだ目が印象的だ。

「いいえ、来年受験なので、学校見学に来ているんです」

そう答えると、彼は面白そうな表情を浮かべ、私の頭の上から足元までを熱心に見つめた。まるで匂いを嗅ぐように、ふんふんふんと頷きながら何かをチェックしている。なんともおかしな仕草だ。

「うん、きみはここに受かると思いますよ。賢いでしょ？　それにきみはきっとパソコンも得意だ。そんな顔をしている。受かったら僕のゼミに来なさいね。じゃ」

名刺を私に押し付けて、一人納得して去っていった。これが、私を産業心理学の研究に導いた、井上教授との出会いだった。


井上教授の予言どおり、私は合格した。井上教授は講義で私を見つけるとスタスタと近寄ってきて、

「ようこそ。よく受かったね。まぁ、きみなら余裕でしょう。あとで僕のゼミに来てくださいね。仕事を紹介します」

仕事……何のことだろう？　やはり不思議な先生だった。

言われたとおりゼミを訪ねると、日当たりのいい研究室に、白衣を着た人が三人いた。忙しそうに何かの書類を準備している。井上教授はのんびりとお茶を飲みながら、私に気づくと、

「よく来てくれましたね。きみの先輩がちょうど卒業してしまってね。候補を探していた

ら、きみに出会った。僕はこう見えて運に恵まれているんですよ」

ウンウン、と幸せそうに頷く教授。けれど、話が全く見えない。

「あの、候補とか仕事って、一体なんの候補でしょうか？」

「あ、言ってなかったですね。きみね、僕たちと一緒に研究するんです。ヒューマンエラーね。僕の本業です。僕の仕事は、現場に行って調査して、日々安全に過ごせるように教育すること。いわゆる現場の〝ガーディアン〟ってやつですね」

ガーディアンのくだりは、なぜかネイティブのような美しい発音。きっと教授の大切な想いが入っているのだろう。

「現場ですか？」

「そう。原発のね」

「ゲンパツ？　原発って、あの原子力発電所のことですか？」

「そう。原発」

ニコニコこちらを見つめる教授の目は、子どものように無邪気だ。

「それに、私が選ばれたんですか？　あの一瞬のタイミングで？」

「うん。そう。僕ね、こう見えても一流の心理学者だからね。一目見れば、だいたいのことが分かる。だからきみを誘ったのです」

キャンパス見学のあの一瞬で、私を見抜いたということだろうか？

「あれは冗談かと思っていました」

井上教授は心外だなぁというように眉を寄せた。

「僕は、真剣だよ。きみが入ってくるのを楽しみにしていたし、これから四年間、僕がきみを育てる。きみはきっと素晴らしい心理学者になるだろう」

キツネにつままれたような気持ちだったが、教授の表情には、私を担いでいる様子はない。

「はぁ……それは、ありがとうございます。それで、私はこちらで何をすればいいんですか？」

「まずは、コンピュータープログラムね」

「プログラム？」

心理学にプログラムなんて必要だろうか？

「まずパソコンの修業から始めるといい気がしているんだけど、どうかな？」

「パソコンですか？　心理学の研究に必要なのでしょうか？」

「いや、簡単なパソコン作業は研究にももちろん必要だけどね。きみの人生に、という意味合いのほうが大きい。きみの人生にパソコンは不可欠になるでしょう。少々距離はあるが工学部が近くにある。表の学食前からバスも出ているよ」

教授の言い方は、未来を見通す祖母のようだった。祖母も同じように未来を見通し、まだパソコンがめずらしい時代に、大きなパソコンを買ってきた。井上教授は、祖母と同じように未来が分かるのかもしれない。結局私は、予定外のコンピュータープログラムを工学部で学ぶことになった。おかげでパソコンにかけては社会学部の中で、誰よりも詳しくなった。

## いろは歌と世界の変え方

研究所の助手として、私はヒューマンエラーの研究に携わるようになった。大学の授業は週三日に詰め込み、残りの時間で、課外プログラムや原子力発電所、研究所など、さまざまな研修現場へ出向いて、貴重な経験をしていった。めまぐるしい毎日だったが、充実していた。ヒューマンエラーの教育現場なんて、私には未知の世界だった。

緊張しながら、原子力発電所に向かう列車の中。課題は、いつも私の予想する方法とは全く違う形で提供される。

「ジュネ君。はい、これ。今回の研修では、これを覚えて披露してもらいましょう」

渡されたのは、「いろは歌」だった。

いろはにほへと　ちりぬるを
わかよたれそ　つねならむ
うゐのおくやま　けふこえて
あさきゆめみし　ゑひもせす

研究資料はすでに先輩方がそろえていた。いろは歌を一体何に使うのだろう？

「いろは歌？　いろは歌が研修に関係するんですか？」

「もちろん。現場に着くまでに覚えてくださいね。覚えられないと、みんなが困ってしまいますよ。まぁ、ちょっとトライしてみて？」

駅への到着まで15分。突然の記憶力テストだ。仕方なく、うーんうーんと私は試行錯誤をくり返しながら、いろは歌を覚えはじめる。そろそろ駅に着くかな、とみんなが準備を始めようとしたとき、井上教授はペンを出し、

「ここと、ここと、ここと……」

と線で区切りはじめる。そして漢字をいくつか書き入れ、

「さ、もう一度、僕の言葉をくり返してみて」

教授が言うとおりにくり返して読んでみると、とたんに、いろは歌は彩りを放ち、情景をもちはじめた。

色は匂へと　散りぬるを
我よ誰そ　常ならむ
有為の奥山　今日越えて
浅き夢見し　酔ひもせす

驚いた。いろは歌は一つの美しい思想なのだと気づいた。あんなに覚えづらかったのに、意味合いが分かると、すんなり記憶へ入っていくように感じた。

「僕たちはね、情景を五感や感性で記憶する。記号はいくら覚えようと思っても、心には響かない。だから私たちが捉えるビジョンを変える必要があるんです。ビジョンを変えて心が動き出すと、僕たちの記憶はとたんに鮮明になっていくんです。僕たちって面白い生き物でしょう？」

「どう、覚えられた？」

そのとおりだった。あんなに無機質に感じられた文字が、今は鮮明に頭にメモリーされている。

「ええ、急にすっと覚えられました！　表記の仕方によって、こうも印象が変わるのですね」

「それをそのままね、今回の研修で伝えてごらん。やり方はきみの好きでいい。こうやって驚きと感動を覚えたきみだからこそ、伝えられることがあるんだ。僕たち研究者のおじさんには、なかなかその新鮮さは出せないものだ」

そんなものなのだろうか？　井上教授の言葉は、どこまでが本気で、どこからが冗談なのか、いま一つ分からない。

「では、その調子で円周率も70桁《けた》いこうか？」

「えー、70桁！　到着まで、あと10分しかないですよ？」

「そう、大丈夫。コツがあるの、コツが」

困った私の姿を見て、先輩たちが笑う。彼らもこうやってずっと井上教授の下で学んできたのだ。教授からコツを伝授されると、無意味な円周率の3・14159……が私の記憶にスルスルとメモリーされた。なるほど、心理学は「目的にたどり着くための魔法のツール」だった。

心は、魔法のように現実を変えていく。心は答を知っているだけではない。現実を変える力ももっているのだと知った。

## 幸せが止まるとき

心理学は、心を学ぶ学問だ。

私は、小さなころから追いかけつづけた「心のときめき」がどこからやってくるのかが知りたかった。心の声を聴き、行動することで運命が開かれていく、あの独特の感覚。言葉にならない、その不思議な仕組みを知りたかった。

心理学の中でも、私は神経心理学に興味をもった。神経心理学では、脳や神経、ホルモンの分泌によって、私たちがどう物事を認知し、行動していくかを学んでいく。

あのドキドキする感覚は、脳や神経が生み出す幻想なのだろうか？　私が知りたいことは、教科書のどこにも載っていない。そんな違和感から、心理学の研究が自分のやりたいことではないと気づきはじめていた。

せっかくならこの心理学を人の喜びに活かせないだろうか。そう考えた私は、研究所に通いながら、グラフィックやウェブデザインを学ぶことにした。

「心理学を活かして、将来、商業デザイナーになりたいと思っているの」

打ち明けると、祖母は嬉しそうに笑って、

「ようやく時がきたようね。新しいパソコンの足しになるかしら」とそっとお祝いを渡してくれた。

大人になり、だんだんと私は自分の心のまま、動けるようになっていた。バイトを始め、少々のお金を貯め、一人で海外の旅に出るようになった。当時、日本は世界に進出していく時代だった。旅に出ると、現地の子どもたちから「日本語を教えて」と頼まれることが多く、私はいつも簡単な日本語のドリルと、コミュニケーション用のメモ帳や辞書、そして折り紙やお菓子をトランクに詰めてもっていった。

行く先々で、現地の子どもたちのとびきりの笑顔や人懐っこい気持ちに触れ、私は自分の価値観を大きく変えていった。

高校から続けていたバンドも少し有名になり、ラジオで自分たちが作った曲が流れることもあった。音楽仲間は、「アジアン・カンフー・ジェネレーション」として世界へ踏み出していった。願いに向かって進めば、夢は叶うのだ。

大学を卒業した私はパソコンのスキルを活かし、情報技術推進の講師として高校で働きながら、自分の夢に向かって進みつづけた。教育の仕事。喜びを感じるデザインや音楽。旅の時間。家族と仲間。私は心のバランスを取りながら、自分らしい人生をクリエイトしていったように思う。スキルも身につき、ようやく私は念願の「デザイナー」という肩書を手にした。

すると、パタッと人生の流れが止まった。まるで突然チャンネルを換えられたように、心のときめきが消えてしまった。

商業デザインは人の喜びに関わる仕事だった。けれども、何かが違う気がする。その違和感を言葉にすることが難しい。強いて言うなら、不足感だろうか。どこを見渡しても不満はない。でも、何かが違う。

ウェブサイト・デザインの打ち合わせ。トレンドを意識したのだろう、おしゃれな服を着た担当者が、高揚した表情で提案を膨らませていく。

「今年は紺色が流行っていくわ。去年はオレンジだったでしょう。今年はシックを取り入れれば間違いない。このトレンドはとっても大事なの。そう思うでしょう？」

美しい巻き髪を揺らし、真っ赤な口紅で笑う担当者の言葉に、心が凍るような気持ちがした。作っては消えていくブーム。私はみんなの心を、ブームという流れに乗せたかったのだろうか？　自分の生み出すものが、空々しいと感じられた。

くり返し、考える。

私は一体、何がしたいんだろう？

私は一体、何のために生まれてきたんだろう?

（第3章）

# フランスへの旅

# レディー・セット・ゴー

転機は突然やってきた。その日は31歳の誕生日だった。なぜか朝から、独特の乾いた風の匂いを感じた。懐かしいような、愛しさのような……。すっかり忘れていたが、これは昔追いかけていたシンクロニシティの感覚だと思い当たった。

ドライブにでも出かけようと伊豆高原へ車を走らせていると、イギリスの田舎町にでもあるような、アンティークなたたずまいの家がふと目にとまった。雰囲気のある木造の家、美しいガーデニングの庭。なんて素敵な家だろう。久しぶりに心がときめいた。

「そうだ。都会から離れて、自然の中で暮らすっていいかもしれない……これだ！」

庭に花を植え、畑でオーガニックの野菜を育てながら、デザイナーの仕事をして暮らす。素晴らしいプランに思えた。

伊豆高原は森と海の間に小さな街があり、気候も温暖で、穏やかな空気が漂っていた。私はこの街をすっかり気に入り、自然と共に暮らしてみたいと強く思うようになっていた。

「自然と共に暮らすことをしっかり学んでみたい。まずは自然農法を学ぼう」

いろいろと調べてみると、イギリスに理想的なファームステイ先が見つかった。イギリスは植物のエッセンシャルオイルを使ったアロマセラピーが盛んだ。心理学を学んできたが、植物で心や体を本格的に癒すということは考えてみたこともなかった。アロマと農業の両方を習い、自分でアロマオイルやハーブエッセンスを作って暮らす。私はこのプランに、すっかり魅了された。

さっそく手続きを始めたが、なぜかうまく進まない。チケットを取ろうとすると、すべて満席。希望した農場からは「満席のため、また来年お待ちしています」という素っ気ない返事。

きわめつけに「イギリスはポンドが高いからやめておきなさい。なんとなく、よくない予感がするのよね」と、母から不吉なメールが届いた。母の勘は何よりも鋭い。どうも私は、イギリスとは相性がよくないようだった。

仕方なくまた調べてみると、自然農法やアロマセラピーを学べるフランスのファームステイがすぐにヒットした。料金はなんとイギリスの半分。フランスなんて一度も行ったことがない。それに、難しそうなフランス語を理解できるだろうか？

不安に思いつつも手配を進めてみると、ファームステイ先からは「いつでも来てください」と快諾のメッセージが届き、フランス便には空席があった。さらに驚くことに、航空券はイギリス行きの半値以下。どうして何もかもが、こんなに安いんだろう？　まるで「どうぞこちらへ来てください」と誘われているようだった。

いくら値段が安くても、フランス語に自信がない。私は、何気なくオラクルカードを手にした。小さいころから、おまじないや不思議なグッズは大好きだった。ここは神頼み。えいっ！　気合を入れてカードを一枚引く。

「Ready set go！（位置について、ヨーイドン！）」

チケットもファームも半値。カードはゴーが出た。

「よし、決めた！　フランスへ行こう」

覚悟を決めた私は、しばしの休暇宣言をして、大きなトランクに三カ月分の荷物を詰め込み、フランスの農場へと旅立った。

## 大地の暮らしと一本のスコップ

温暖な気候に恵まれ、豊かなワインで知られる南フランスのラングドック。乗り慣れないヨーロッパの特急列車ＴＧＶと鈍行列車をどうにか乗り継いで、ファームのホスト、ジャンと駅で待ち合わせた。

ジャンはクラシカルなジャケットを着こなす五十代のエレガントなフランス紳士。流暢な英語を話すので、言葉の心配はなさそうだ。ホッと安心したのも束の間、私が自己紹介し終えたとたん、ジャンはなぜか顔をしかめ、口を閉ざした。こちらから話しかけても、必要最小限の返事しか返ってこない。フランス人ってよほど気難しいのかしら？

のんびりした風景の中を、40分ほどジャンの車で走ると、山麓にあるファームに到着した。案内されたのは、清潔で可愛らしい小部屋。ところどころに南仏らしい明るい色のタペストリーが飾られ、ラベンダーの香りがほのかに漂っている。

促されて庭に出ると、ジャンは私の目の前に一本のスコップを突き出した。

……スコップ？　ぽかんとジャンを見上げていると、

「ここがお前のトイレだ。穴を掘りなさい」と、あたりの草原を指差した。

信じられない！　ファームではこの土地がトイレなのだった。ジャンによると、その年の南フランスは記録的な干ばつで、農場には十分な水がないとのこと。私に与えられるのは、一日たった10リットルの水。これで、手を洗い、体を洗い、すべてをまかなうというの？　私の髪は、腰まで届くロングヘアー。贅沢にシャンプーなどしていられない。ため息をつき、私は農作業用にもってきたハサミを取りだし、その場でバッサリ髪を切った。

10リットルの水と、自分で土を掘るトイレ。豊かな生活が当たり前の日本から来た私には、びっくりすることの連続だった。でも私たちは、もともと自然と共に暮らしてきたのだ。こちらのほうがよほど人間らしいと言えるかもしれない。スコップ片手に美しい夕日を見ながら、ここでやり抜いてみようと心を決めた。

農場には、中世の城のような趣のあるレンガ造りの母屋と、ファームステイする者たちが泊まるシンプルな木造の別棟がある。この別棟は、ジャンが何年もかけて自分で建てたのだという。フランス人は家を大事にすると聞いたことがあるけれど、その言葉どおり、あちこち美しくリフォームされていて、ジャンがこの家をとても大事にしているのが見てとれた。

別棟には、私の他に世界各地から自然農法を学びにきた仲間が五人ほど泊まっていた。フランス語を話す者はおらず、シンプルな英語でコミュニケーションをとっている。これなら何とか意思の疎通はできそうだと安心した。

私を魅了したのは、ファームの食事だった。農場で育てたオーガニックの野菜や果物はどれもこれも瑞々《みずみず》しく、大ぶりで立派だ。放し飼いのニワトリが産んだ卵。隣の農場から届くミルクやバター。前年の秋に仕込んだ手作りジャム。そして市場で売られているＢＩＯ製品（基準を満たした有機食品）のバゲットや赤ワイン。天然のビーワックス（ミツバチが作り出す蠟）のロウソクが灯る、どっしりした十人がけの木のテーブル。暖炉のある広いダイニングは、誰をも歓迎しているように温かな雰囲気だ。まるで絵画のように美しく豊かな食卓に、私はすっかり感動した。

全員が席に着き、「いただきます」と私が手を合わせたときだった。突然、ホストのジャンが私に向かって大声で、

「おい、それは何だ？　どうして手を合わせる？　ここはフランスだ。ノン！」

と怒鳴ったのだ。その剣幕に驚いて私は一瞬謝りかけたが、手を合わせることは別に悪い習慣ではないはずだと思い直した。

「これは、日本で食事の前にする感謝の挨拶よ」

と説明した。しかしジャンはナプキンを放り投げると、大きく鼻をフンと鳴らして席を立ち、ダイニングから出ていってしまった。何が何だかわけが分からない。だがどうやら、ジャンを怒らせてしまったようだった。

## 大きな木の下での修業

翌朝、いよいよ農場デビュー。作業服に着替え、気合い充分で母屋に行ったが、ジャンは「お前だけは畑には連れていけない」と言う。

困惑して、みんなが乗るトラックを見送っていると、ジャンは「ついてこい」と言って山道をどんどん登っていった。どこに行くんだろう？　山ではなく畑に行きたいのに。

仕方なくジャンのあとに続いて行くと、目の前に素晴らしい景色が広がった。青々とし

た草原にワイルドローズが咲き、木々の間の秘密めいた山道に入ると、あちこちからキノコが顔を出している。ふと上を見上げれば、鈴なりに実のなった栗の木があり、根元には可愛らしいイガ栗がたくさん落ちていた。まるで絵本みたい！　フランスらしい雰囲気に、ようやく不安な気持ちが少し薄れた。

道すがら、花が咲いていると、ジャンはボソボソと小声で、「これはAnémone《アネモネ》（秋明菊）」などと花の名前を教えてくれる。その言葉から、（この土地を心から愛している）というジャンの気持ちが伝わってきた。心は嘘をつかない。それほど悪い人じゃないんだなと、また少し安心した。

丘の中腹まできたとき、ジャンは突然足を止め、思い出したように向きを変えて、小道に入っていく。あわててジャンのあとをついて行くと、小道の先に黄色い小さな花が一面に咲き乱れる広場があった。なんて美しい花壇だろう。そこだけ丁寧にレンガで囲まれていて、大切に守られていることが感じられた。

「この花は、お前と同じ名前だ。ジュネ。俺のじいさんが大事に育てていた花だよ」

不機嫌そうな表情で話すジャンの心から、驚いたことに（お前なんか嫌いだ！）というような、憎しみの感情が伝わってくる。一体、私が何をしたというのだろう？

理由はわからないが、ジャンから嫌われているようだった。反りが合わないのだろう。

言語に不安を感じて、時折心を読む癖が出ていたけれど、もうやめよう。せっかくのフランス滞在を、ネガティブな気持ちで台なしにしたくはなかった。

「そう、私と同じ名前の花があるなんて嬉しい。教えてくれてありがとう」

と感謝を伝え、私は心に鍵をかけた。

ろくに返事もせずに、ジャンは不機嫌な顔のまま、また山道をずんずん上がっていく。20分ほど登っただろうか。ようやく丘の上までたどり着くと、頂上には大きな木が一本そびえ立っていた。生命力の強い木だ。直感的にそう感じた。

ジャンが振り返り、こう言った。

「ジュネ、これは木だ。分かるか？　お前は今日から、木になりなさい」

大きな手でポンポンと太い幹を叩きながら、そう言った。

……木になる？　え、木になれと言った？

ジャンの言葉を理解できずにポカーンとする私の顔を見て、ジャンは大きなため息をつき、こう続けた。

「お前は、我が強すぎる。分かるね？　ここはフランスだ。日本じゃない。だから、この木のように、静かに、美しくなりなさい」

ジャンの言葉は、昨夜、私が手を合わせた仕草のことを指しているようだった。どうやら、このフランスで日本式の挨拶をしたことに対し、お前は我が強すぎると言いたいようだ。百歩譲ってその気持ちは分からなくもないが、〝木になる〟という意味が、さっぱり分からない。動揺する私を見てジャンは、あからさまに大きなため息をついた。

「昼に鐘が鳴るから、その時間になったら降りてきなさい」

茫然としている私にそう言い残すと、さっさと山道を降りていった。

なんてことだろう。私は大きな木の下に、一人残されたのだった。自然農法やアロマを学びに来たはずなのに、どういうことだろうか？　もしかして、何かのドッキリ企画だろうか？　勘ぐってみたが、カメラが回っている気配もないし、ジャンが戻ってくる様子もない。やはり、ジャンは本気で私に「木になれ」と言ったようだった。

木になる……？

我を捨てる……？

そもそも、手を合わせることって、〝我〟なのだろうか？　混乱した頭で考えても、さっぱり答は出なかった。

途方に暮れて、木の下にペタンと座り込んだ。せっかくフランスまで来たというのに、気分は最悪だった。一体これからどうしたらいいんだろう……？

少しでも気分を晴らそうと、私は大きく深呼吸をし、ゆっくりあたりの景色を眺めた。

見晴らしのいい丘の上は清々《すがすが》しく、気持ちがよかった。鳥の声、風の音、土の香り、広々とした空に浮かぶ、センスのいい誰かがちぎったような真っ白い雲。静かな時間。

日本で仕事に追われていたときには想像もできなかった、ゆったりとした時が流れていた。大きな木の下に座っていると、まるで初めから、自分がこの木の下でのんびりすることを望んでいたかのように感じられてきた。

「ふぅん。木になるって、木のように何もしないでいろってことね」

そう勝手に解釈した私は、この丘の上の時間を満喫することにした。

お昼になると、ガランガランと鐘が鳴り、みんなが農場から帰ってランチが始まる。私も山を降り、コケモモの樹の下にある手作りのダイニングテーブルで、フレッシュな食事やワインを堪能した。まるでみんな家族のように笑顔であふれていた。

シエスタ（フランス式の昼寝の時間）を終えると、近所から手伝いで通ってきている老齢のエマが私を誘ってくれた。エマは、シワの刻まれた浅黒い肌に、優しく聡明なグリーンの瞳で、独特の風貌をしていた。髪はベリーショートに美しく整えられ、穏やかなその動きからは、自分のすべてを愛していることが伝わってくるようだった。フランスには何歳になっても美しい女性が多いことに驚く。

「マドモアゼル、お名前は？　お料理はできる？」

フランス語しか話さないエマは、ゆっくり私に身振り手振りで話しかけてくれる。

「ジュネよ。もちろん、料理は大好き」

英語で答えたものの、エマには通じない。こちらも身振り手振りで応対する。エマは訛《なまり》が強く、それでなくともフランス語の知識がない私には、彼女のフランス語が全く聞き取れない。仕方なくお互いにジェスチャーで意思の疎通を図ることにした。

言葉が通じなくとも、〝好き〟という気持ちは、人の心を容易に結びつけてくれる。私が料理が得意なことを、エマもすぐに気づいたようだった。私たちはすぐに打ち解け、食事を作りはじめた。

ポアロネギのスープは、ホーロー鍋でよく煮たネギをブレンダーで潰し、そこにプロバンス特産のハーブを入れる。オリーブオイルをたっぷりかけた大ぶりのトマトには、ニンニクとクミン、そしてフレッシュなバジルの葉を載せる。どの料理にもふんだんにハーブを使うのがエマの料理の特徴だ。エマに手招きされて台所の勝手扉を出ると、小さな家庭菜園があり〝マシュ〟と呼ばれる小さなサラダ菜が一面に青々と広がっていた。

ボウルをもって、二人でその日使う分だけ丁寧に摘んだ。ふと祖母と料理をしていた子どものころを思い出して、胸が熱くなった。何も言っていないのに、エマは温かな腕で私の肩を抱き寄せてくれた。

そうして私はエマと二人で料理を作り、筆談と辞書を用いてハーブや野菜について教えてもらうのが日課になっていった。

しかし肝心の農法については、農場へ連れて行ってくれる気配すらない。ことあるごとに「そろそろ農場に連れて行ってくれない？」とジャンに頼んでみるのだが、ジャンはいつもフンと鼻を鳴らし、「ノン」の一点張りだった。私は農場に行かせてもらえず、ジャンは毎日飽きもせず私を連れて山を登り、大きな木の幹を叩き、

「分かるね？　木になりなさい」

と言って、丘を降りていく。毎日、大きな木の下に取り残され、私は考え続けた。

一体私は、ここに何をしに来たんだろう？

## 太ったネコとおしゃべりな木

農場には三匹のネコがいる。

一週間ほど丘登りが続いたころ、一匹のネコがついてくるようになった。ダリという名前の、ずんぐり太ったネコだ。朝食を終えてジャンと母屋を出ると、ダリはいつも玄関の前に待っている。そしてヒョコヒョコと私たちの後をついてくる。頂上まで来てジャンがまた母屋へ戻っていっても、ダリはそのままのんびり伸びをして、木の下の芝生にゴロン

と寝っころがる。大きな木の下で、残されたネコと私。なんとも不思議な気分だった。

何もせずに毎日景色を見下ろしているだけでは、さすがに飽きてしまう。仕方なく、日本から持参したスケッチブックやオラクルカードをもっていくようになった。植物や景色をスケッチしていると、突然、ダリがスケッチブックに飛びかかってきた。太った体をこすりつけ、まるで何かを訴えているように「ニャーオ、ニャーオ」とこちらを見上げる。

そのとき、ふと思いついた。

「ネコの心って、読めるのかしら？」

人の心は集中すれば、何となく読める。でも動物の心なんて読んだことはない。太っちょダリをジーッと見つめ、静かに意識を集中した。すると、

（つまらないよ。なんかしようぜ）

と聴こえた。ダリの心の声だった。

驚いた。言葉を交わすように、ダリの思考が私の頭に入ってきた。こんなに鮮明な心の声は家族以外で、聴いたことがなかった。これはテレパシーだ。さらに不思議なことは続いた。私が心を読むことを感じ取ったダリは、「ニャーオ！」と鳴き、（ついてこいよ）と私を誘った。

太っている割にすばしっこいダリに続き、けもの道を進む。5分ほど歩いただろうか。

ダリがピタリと足を止めた。細く美しい木が一本あった。根元にはマリア像と十字架が置かれている。あたり一帯に、神秘的な雰囲気が漂っている気がした。空気の感じが違うというのだろうか。まるでそこだけ守られているような感じが満ちていた。

（感じて！）

またダリの声が聴こえた。感じる？　何を？　ダリの意図を理解できなかった私は、改めてダリの心に集中した。すると、ダリの気持ちがまた伝わってきた。

（ここが気持ちいいのは、なぜ？）

居心地いい理由を読んでみろ、ということだろうか？　言葉のとおり、ダリは気持ちよさそうにゴロゴロ地面に体を擦りつけながら、時折私を見上げる。見回してみると、確かにここには心地よい空気が漂っている気がする。ダリが喜ぶのもなんとなく分かるような気がした。よし、ダリが言っているように、どうしてここが気持ちいいのか感じてみよう。

私は少々ヤケになっていたのだと思う。毎日、木の下で一人ぼっちだったし、話ができるならネコだっていいじゃない、とすっかりネコの気持ちになって、その場のエネルギーを感じてみることにした。

まずマリア像。あれはどうだろう？

……どうも、悲しい思い出の品のような気がする。詳しくは分からないが、悲しいような、恋しいような想いが伝わってくる。

次に十字架。……マリア像に合わせるように、なんとなく置いただけ、という感じがする。きっとただの飾りだろう。真偽は分からなかったが、私なりにコツを摑めたような気がした。読もうと思えば、心だけではなく、何かしら感じられるのかもしれない。

最後は、木。……しっかりエネルギーを読もうと木に触れた瞬間、

《よく来たね》

と声が聴こえた。え、ダリ？　でもダリの声とは全然フィーリングが違う。

ダリの声はだみ声っぽい。今のは軽やかな女性の声のように聴こえた。

まさか……木の声？　おっかなびっくり、もう一度木に触れてみると、今度は、

《大丈夫》

と伝わってきた。一体、何が大丈夫なんだか分からない。ヤケになってネコと会話し、木と話している時点で、私の頭は全く大丈夫ではなく異常だった。

（どうしよう？　頭がおかしくなってしまったのかもしれない）

動揺した私は、思考をフル回転させた。……ジャンは冷たいし、農作業はやらせてもらえない。いじめられている寂しさに耐えかねて、幻聴を聴くようになったに違いない。気持ちよさそうなダリを横目に、泣きたくなった。すると、また声が頭に響いた。

《心配しないで。怖がらなくていい。あなたはここに導かれたの》

ひゃっ。また声が聴こえた！　幻聴にしては、ずいぶんと鮮明な声だった。

どうしよう。この声にいったん反応したら、もう元に戻れなくなってしまうかもしれない……。怯えている私に構うことなく、声はさらに続いた。

《ジャンは、あなたをここに導きたかった。でもジャンは、私の声が聴けないの》

すると、頭の中にスクリーンがあるように、今よりずっと若いジャンの姿が浮かんだ。

肩まで髪を伸ばした美しい青年の姿。ジャンの横には、知らない老人の姿が見える。ジャンに雰囲気の似た、どことなく厳しい感じのする老人だった。老人が木と会話しているイメージが見えた。

どうやらこの老人も、この木が〝話せる〟ことを知っているようだった。でもジャンには、木の声が聴こえないらしい。ジャンは、単にここを一族の祭壇のような場所だと思い込んでいる。母親が亡くなった際、ジャンがこの木の前にマリア像と十字架を置く様子も見えた。

ここまでを理解したと思ったとたん、映像がふっと消えた。そして木からは嬉しそうな、柔らかい雰囲気が漂ってきた。ダリはあくびをして、うとうとしている。

《これから、あなたにいろいろ教えたい》

不思議な木は、そう言った。

## マリアの木のカードレッスン

複雑な気持ち。山を降り宿舎に戻ると、私はノートを取りだした。その日の出来事を、覚えている限りすべて記録することにした。日記に書いておけば、たとえ自分が正気を失っていたとしても、のちのち何かの役に立つと考えたのだ。

心理学研究所にいたころ、緊張を強いられる産業現場で、精神を病んでいった大勢の人たちを見てきた。今の私は、きっとあの作業員たちと同じような症状にあるに違いない。ノートは自己診断のための大事なツールになると感じた。もしこの妄想から何かの気づきを得られるなら、秘めていた自分のストレスが解明され、きっと改善されるだろう……そんなふうに自分を分析したのだ。

次の日、目を覚ますと、昨日のことが夢のようだった。ダリはいつもどおり玄関の前に座っていたし、ジャンはいつもと変わらず無愛想だった。その無骨さになぜか安心しながら、ジャン、ダリと一緒に、また丘の上まで登った。頂上の大きな木のたもとまで来ると、ジャンは私に諭すように「木になりなさい」と言い、山を降りていった。

「木になりなさい」といわれた大きな木の下で。

私は覚悟を決め、うろ覚えで昨日ダリと歩いた道を進み、あの木を探した。もしかすると、もう木の声は聴こえないかもしれない。でも、確かめたかった。

「やっぱりあった！」

美しい木と十字架が添えられたマリア像は、ちゃんとそこにあった。そうだ、この木を〝マリアの木〟と呼ぼう。ゆっくりと近づき、マリアの木に触れようとすると、《怖がらないで》と優しい声が伝わってきた。やはり、昨日の出来事は妄想ではなかった。

《あなたが聴いているこの声は、木が意思をもってあなたに話しかけているわけではない》

え、木が話しているわけではない？　それなら、誰が、何の目的で話しているというの？

《ここは、始まりの場所。長い年月をかけてようやくできあがった、特別なパワーをもつ場。ここに宿る特別なエネルギーを彼がキャッチし、目印の木を植えた》

〝彼〟という言葉を聴いたとき、昨日イメージで見た老人の姿が頭に浮かんだ。なるほど。私はてっきりマリアの木が特別な存在なのだと思っていたけれど、どうやら特別なのは木ではなく、この土地自体らしい。それなら、木ではなく、私は一体何と話しているのだろう？

《宇宙エネルギー》

宇宙！　宇宙という言葉を聴き、瞬時に高校生のころを思い出していた。あのころたし

郵便はがき

料金受取人払郵便

牛込局承認

6665

差出有効期間
2021年4月
20日まで
(切手不要)

1628790

東京都新宿区矢来町122
矢来第二ビル5F

風雲舍

愛読者係行

●まず、この本をお読みになってのご印象は？

イ・おもしろかった　ロ・つまらなかった　ハ・特に言うこともなし

この本についてのご感想などをご記入下さい。

## 〈愛読者カード〉

●書物のタイトルをご記入ください。

（書名）

●あなたはどのようにして本書をお知りになりましたか。

イ・書店店頭で見て購入した　ロ・友人知人に薦められて

ハ・新聞広告を見て　ニ・その他

●本書をお求めになった動機は。

イ・内容　ロ・書名　ハ・著者　ニ・このテーマに興味がある

ホ・表紙や装丁が気に入った　ヘ・その他

通信欄（小社へのご注文、ご意見など）

購入申込

（小社既刊本のなかでお読みになりたい書物がありましたら、この欄をご利用ください。送料なしで、すぐにお届けいたします）

（書名）　部数

（書名）　部数

| | |
|---|---|
| ご氏名 | 年齢 |
| ご住所（〒　　-　　） | |
| 電話 | ご職業 |
| E-mail | |

かリュウは、私たちはすべて同じ宇宙素材でできていると言っていた。だから私たちは、意図さえすれば、エネルギーでのやりとりができるとも。

《そう、エネルギーが分かるのね。私たちは宇宙からの光。あなたとコンタクトできて嬉しい》

気持ちよさそうにゴロゴロしているダリは、きっとここが宇宙からのエネルギーが降りる「パワースポット」であることをずっと前から感じ取っていたのだろう。理屈が分かり、少し安心した。

マリアの木は《カードをもってきて》と言った。

どうやら宇宙エネルギーは、私がカードをもっていることもお見通しのようだった。次の日、私はオラクルカードをもっていった。

《あなたの頭の中には松果体がある。そこに集中して〝運命の時間を感じ取る〟と、意図して。すると、あなたはカードからのメッセージをちゃんと受けとることができるようになる》

心理学の研究では、脳の役割も学ぶ。私はすぐに松果体の役割を思い出した。松果体は私たちの生活のバランサーだ。ホルモンを出し、環境と体のバランスをとり、円滑に生活ができるように調整してくれる。でも、もしかすると松果体の役割は、もっともっと奥深いのかもしれない。

　頭の中のこの小さな器官をイメージして、改めて集中してみる。すると不思議なことに、ただ並んでいたカードの中から、気になる一枚がフワリと飛び出てくるように見えた。そのカードをめくってみると、なんとなくそれぞれの示す意味が伝わってくる。

　すごい！　松果体って、こんなふうに私たちの感覚に変化を起こしてくれるのね。

《これを何度も何度も、くり返し感じて。するとあなたは目に見えない流れを感じ取れるようになる》

　それから毎日、私はマリアの木の前でカードを読むようになった。カードから感じ取れるサインは、驚くほどに明確だった。未来の仕事の流れを占ってみると、「デザイン」と「心理学」が私を助け、新しいビジネスへと押し上げてくれる、とあった。

　ありがたい。そんなふうにカードから具体的な未来が見えてきた。

　待って、じゃあ、このファームステイにやってきた意味は何だろうとカードをめくると、「体内リズムを整え、体の機能を活性化するため」というメッセージが浮かんで見えた。

　それはそうだ。ここではオーガニックの食事をとり、毎日自然の中で運動し、バランスのとれた生活をしている。排気ガスに触れないでいるせいか、嗅覚が敏感になっているようにも感じられていた。

知りたいことを意図すると、カードから面白いように答が浮き出る。それが楽しくて、私は毎日、カードにいろいろな質問をするようになった。

でも何度カードを読んでも、理解できないものが一つだけあった。この旅の意味だ。

「この旅にどんな意味があるの？」

カードをめくると、「運命の計画」というメッセージが出るだけだった。

## 太陽と海と生まれたままの自由

ある日、ジャンがめずらしく朝から私に声をかけてきた。

「ジュネ、お前は泳げるか？」

「泳ぎ？　もちろん泳げるわ」

「それなら決まりだ。今日は海に行く。タオルや食料は積んである。みんなと車に乗ってくれ」

「ちょ、ちょっと待って。私、水着なんてもってきてないわ」

ジャンは肩をすくめると
「水着なんて、この国じゃいらない。さ、行くぞ」

水着がいらない？　首を傾げながら、キャンプ用の車に乗ると、なぜかみんなクスクス笑って私を見ている。香港から来ているアンナが、笑いを抑えながら言った。

「これから驚きの体験が始まるわよ。最初は、私たちみんなも、とっても驚いたんだから」

さっぱり分からなかったが、みんなでの遠出は初めてで、期待のほうが大きかった。ミディ運河のほとりで、エマお手製の野菜たっぷりのランチをとり、また車で走る。どうやら地中海を目指しているようだった。

出発して四、五時間かかっただろうか、やっとビーチに到着。

「Méditerranéen《メディテラネ》。地中海へようこそ」

エレガントな仕草で、ジャンがバンのドアを開ける。キラキラと輝く海と砂浜。目の前に広がっているビーチには、大きな「洋服禁止」の看板。なんとヌーディスト用ビーチだった！

「ヌーディストビーチって、洋服を着ないってこと？　何も着ないの？　ほんとうに？」

慣れた様子で、みんなはどんどん服を脱ぐ。だが私は服を脱ぐ勇気は出なかった。野外で、しかも人前で裸を晒《さら》すなんて、考えたこともなかった。

途方に暮れていると、一足先にビーチに向かったはずのエマが、ゆっくり戻ってきた。エマはにっこりと笑い、太陽を指差した。

「太陽、感じて。海、感じて。自由、感じて」

エマの美しい瞳からは、これから得られるギフトの素晴らしさが深く伝わってきた。

「……わかったわ！」

勇気を出し、服を脱いだ。何も着ずビーチへ行くと、みんな裸だった。よく見ると、ビーチにいる多くが老齢のカップルだった。和やかな雰囲気で、みんな思い思いに寝そべっている。何も着ない、身一つの感覚。風が肌をそよぎ、太陽の日差しがチリチリ降る。心許ない気持ちをいつしか忘れて、私は海へ向かった。サングラスをかけて寝転んでいるジャンがいた。

「岸から１００メートルぐらいは足が着く。楽しんでくるといい」

めずらしく、大きなウィンクをして帽子を顔に載せた。気難しいジャンも、ここではのんびり穏やかだ。

澄んだ地中海の水は思ったほど冷たくない。私は泳ぎはじめた。海が私を包んだ。ひとしきり泳ぎ、仰向けに浮かんでみる。なぜか涙が出た。日本からやってきて、こうして私は水に浮かんでいる。そのことに愛しさを感じた。すべてが完璧に思えた。そしてふと、あの大きな木の下にいるときの感覚につながった。私は一本の木になっていた。海の上だが、紛れもなく、私は木の感覚になっていた。

その日を境に、私の心は静かになった。すべては満たされている、と気づいたのだ。ジャンの言ったとおりだった。

それればかりではない、もう一つ変わったことがある。カード占いをファームステイ仲間に頼まれるようになったのだ。エマがきっと、私がカードを読めるようになったことを、みんなに伝えたのだろう。エマはいつも、私の成長をそっと支えてくれていた。

占いに自信があるわけではなかったが、相手の悩みごとを聞き、マリアの木に習ったように、カードをめくる。感じたことを相手に伝えると、驚くほど当たった。すぐに毎晩、誰かしらが私の部屋に来るようになった。カードを読むことは、私にとって自然なものになっていった。

そのころにはダリばかりでなく、他のネコの気持ちも伝わるようになっていた。夜中、トイレに行きたくなってドアを開けると、真っ暗な中にネコがちょこんと待っている。勝手知ったる足取りで（ついておいで）と案内し、満天の星空の下で用を足すのに付き合ってくれた。私は、このファーム生活で、農業ではなく、見えない世界や、そのつながりを学んでいると分かりかけていた。

## ジャンの秘められた物語

ファームの生活にすっかりなじんできたある夜、ジャンが私を母屋に呼んだ。部屋に入ると、ジャンは暖炉に目を向けたまま振り返りもせず、

「今週末で出て行け。もうお前に教えることはない」

と素っ気なく言った。

「そんな……どうして？　期間はまだ一カ月以上残っているし、私はまだ一度も農作業に参加していない。アーユルヴェーダやアロマだってろくに覚えていないわ！」

頭にきた私は、「どうしてそんなに嫌がらせをするの？」と強く抗議した。怒る私にジャンは肩をすくめ、ブルーグレイの瞳を少し潤《うる》ませて、意外なことを話しはじめた。

「俺のじいさんはシャーマンだった。この街の病人たちを治していた。俺はじいさんみたいになりたかったけれど、この土地以外、何一つ受け継ぐことはできなかった。じいさんはいつも、俺に『木になれ』と言った。お前の我がなくなったら、能力が目覚め、木が話しはじめるってね」

そうか。ジャンに連れて行かれたあの大きな木は、ジャンがおじいさんから「木になりなさい」と教えられた、特別な場所だったのだ。

「じいさんはいつも言っていた。俺がダメでも、いつか美しい信仰をもった人間が現われて、木の力を受けとる。家族でなくても、相応しい者が受けとればそれでいい、そう言っていた。じいさんには先を見通す力があったんだ。未来に何が起こるか、大切なことは全部知っていた」

ジャンの話を聞いていると、自然に祖母の顔が浮かんだ。国も境遇も違うけれど、不思議な力をもつ家族の下に生まれたジャンと私。私たちは、どこか似ている。

「最初見たときから、お前は木と話せる予感がした。なぜか分からないが、お前の名前を聞いたときから、そんな気がしていたよ」

私が自己紹介したところから、ジャンがずっと不機嫌な顔をしていた原因が、ようやく分かった。一体ジャンは、どんな気持ちで私をあの木の下まで連れていったのだろう。嫌われているとばかり思い込み、ジャンの心を読まなかったことを悔やんだ。彼とはもっと大切な話ができたはず。そうすればもっと早く、親しくなれたかもしれない。そうすればさらにマリアの木の秘密についても話すことができただろうに……と思って、

「あのね、ブランコの木の先に……」

と私がうちあけようとすると、ジャンは「ストップ！」と大きな手でさえぎった。

「いい。もういいんだ、ジュネ。お前は今週で出ていきなさい。俺はこのファームを閉め

て、スペインに行く。ようやく諦めがついた」

さぁ、さっさと行きなさい。シッシッ……と大仰な身振りで追い出す仕草をしながら、ジャンは初めてニッコリ笑ってこう言った。

「今日までの金は払わなくていい。その金をもって、お前は旅に出るんだ。俺は今まで何も能力らしいものをじいさんから得なかったが、このチョイスが正しいことだけは分かる。Bon voyage《ボン ボヤージュ》！」

話は終わりだ、とジャンはすたすた歩いて自分の部屋へ戻っていった。その後ろ姿に本気を感じ取った私は、急に不安になった。

唐突に終わりを告げられたファームステイ。右も左も分からないフランスで、一カ月半後の帰りの便まで、これから私は一人で旅をしなければならない。ファームで残された時間は、あと二日。もっているのは、大きなトランクと、ジャンに払うはずだったファーム費用、それにほんの少しばかりのお小遣いだけ。しかし、このまま日本に帰ろうとは思えなかった。ジャンが「お金は払わなくていい」と言ったとき、その心から強く（旅のために使え）というメッセージを感じた。このお金は、ジャンからのギフトだ。

答は決まっていた。ここから前に進むしかない。

とはいえ、私は一体どこへ行けばいいのだろう？　途方に暮れていると、ダイニングの隅に日本語のガイドブックが転がっているのが目に入った。十年ほど前の、古いものだった。

「ガイドブック。しかも日本語！」

喜んでページをめくると、ルルドという街の名前が飛び込んできた。まるでその文字だけが浮かび上がっているように。魂からのサインだ。

念のためカードも引いてみると、やはり、

「そこへ行きなさい」

というメッセージが現われた。

一人きりの冒険の始まりだ。

（第4章）

# 魔女たち

## 一人ぼっちの祈りの地

ルルドまで、列車を乗り継ぎ六時間。この先どれだけ旅の費用がかかるのかも分からないので、鈍行列車の節約旅だ。幸い、時間だけはたっぷりある。

車窓の外には一面ブドウ畑が広がり、どこまでも空が高く、美術館で観たモネの絵そのものだった。黄金色の小麦畑と緑のコントラスト。なだらかに広がる牧草地に、牛や羊たちが悠々と寝そべっている。向かいの席には、ボソボソの毛玉の固まりのようなテリアが、老夫婦に連れられてチョコンとこちらを向いて座っている。ヨーロッパの列車では、犬も飼い主と共に、トコトコ歩いて乗車する。のんびりした列車旅は、思いのほか楽しい時間だった。

テリアも列車でのんびり旅。

ところが、ルルドに到着して気

分は一転した。秋のルルドは、高地のためずいぶん寒く、地中海の温暖な街からやってきた薄着の私は惨めな気持ちになった。駅から長い上り坂が続き、大きなトランクが邪魔だった。

きわめつけは、街にいる人々の想い。ルルドは、不治の病を癒しに世界中から人が集まる街だった。車椅子のご老人、重い障害を抱えたような人、杖をついた人などが目に入り、私は肩身の狭い思いになった。私はキリスト教を信仰しているのでもなければ、病気を患っているわけでもない。カードで行き先を決め、意気揚々とルルドを訪れた自分が恥ずかしくなった。頼れる人もなく、宿のあてもない。こんな調子で、この先一人ぼっちで旅するなんてできるだろうか。心細くて、情けなくて、重たいトランクを引きずりながら、涙があふれた。

涙をぬぐいもせず、大きなトランクをガラガラ引きずって歩いていると、不思議な光景が目に入った。天然石や岩塩ランプが飾ってある店の中で、恰幅のよい女性が男性の体に触れたり、手を大きく振りかぶったり、見たことのない動作を何度もくり返していた。客と思しき男性は穏やかに目を閉じている。

「何をしているのだろう？」

女性の大仰な動作が気になり、泣いていたことも忘れて店に近づいてみた。ジーッと店の中を覗いてみても、やはり分からない。どうしても知りたくなり、とうとう店に入った。興味津々覗き込んでいると、お店の人であろう髪をお団子に結ったその女性がニッコリ笑って、「もうすぐ終わるから、そこに座って待ってて」ときれいな英語で声をかけてくれた。よかった。言葉が通じるようだ。彼女は先ほどの動作を何度も何度もくり返し、低い声でボソボソと何やら唱えている。5分ほどおとなしく待っていると、「ビアン」と言って、男性の肩を優しく叩いた。どうやら儀式は無事終わったらしい。男性は、嬉しそうに感謝の言葉を伝え、お金を払って出ていった。

一体、何にお金を払ったのだろう？　状況がさっぱり飲みこめずにいる私に、

「お待たせ。それで、あなたは何のご用かしら？」

と彼女がペットボトルの水をゴクゴク飲みながら聞いた。

「……あの、ええっと、あなたはさっきあの男性に何をしていたの？」

あの謎めいた儀式について、正直に尋ねた。すると、彼女は片眉を器用に上げ、「キャンサー、分かる？」と返してきた。

キャンサーって、たしかガンという意味だったはず。

「キャンサー？」

「そう。キャンサー。ガンを取っていたの」

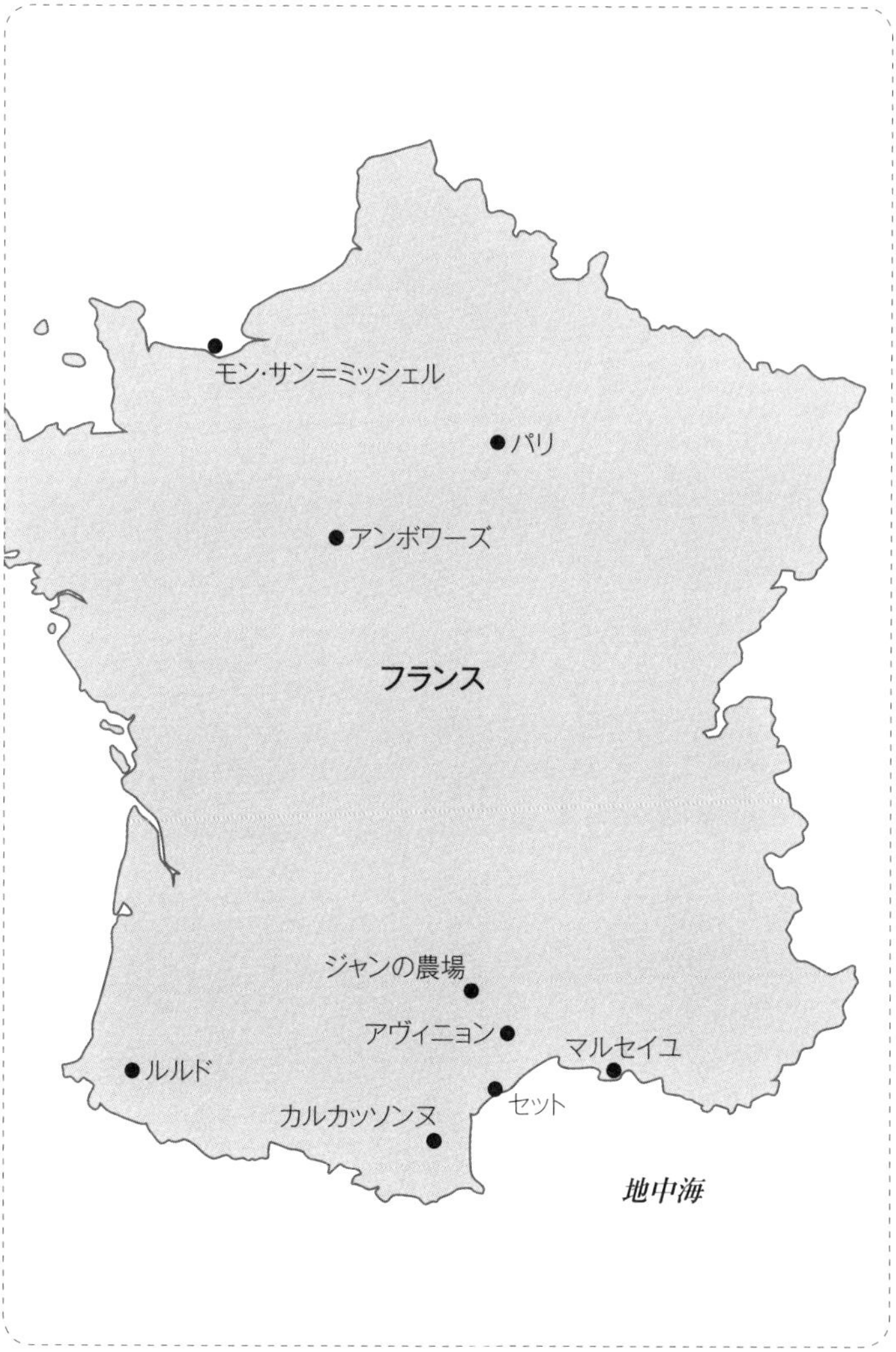
モン・サン＝ミッシェル
パリ
アンボワーズ
フランス
ジャンの農場
アヴィニョン
マルセイユ
ルルド
セット
カルカッソンヌ
地中海

私が歩いたフランス。

あの儀式でガンが取れるの？　驚く私に、彼女はウィンクする。

「ここはルルドだものね、奇跡は起こるわ。この水も奇跡の水よ。教会の井戸で汲めるわ」

そう言って、ルルドの水が入ったペットボトルを一本くれた。

「ありがとう。私、今日この街に初めて来たの。あなたの動きが不思議だったから、つい見入ってしまって」

彼女はゆっくり私の全身を眺めた。

「あなたも何か治したいのかしら？　見たところ健康そうだけど」

その問いに、ふとひらめいた。

「……心がね、すごく苦しいの。あなた、心も治せる？　心が苦しくて、旅を続ける自信がないの」

とっくに涙は止まっていたが、私は旅する自信をすっかり失い、心身ともショボリしていた。彼女は笑って言った。

「あら、ホームシック？　ううん、違うわね。家に帰りたいわけじゃないのね。それよりずっと重い感じ。すごく混乱してる」

どうやら、私の心を読んでいるようだ。

「えっ、あなたも心が読めるの？」

驚いた。こんなにダイレクトに心を読まれたのは、家族以外では初めてだ。

「あら。ということは、あなたも心が感じられるのね？　オーケー、それなら話は早いわ。始めましょう」

満足気に頷いた彼女は、店内のあちこちから、石を集めはじめた。店には色とりどりの天然石が陳列してある。丁寧に手にとって、一つひとつの石と会話するようにブツブツ何か言いながら、

「うーん、この石は違うわね」

また別の石を手に取り、

「あなたにはこれと……ちょっと違うわね。うん、この石がいいわ」

一つ選ぶと、また違う石を手にする。

「あなたのチャクラに合うストーンを選んでいるの。チャクラって分かる？　エネルギーセンサーのことよ。私たちの健康を司っているところね。あなたと相性の合う石を探しているところだから、ちょっと待っててね。石選びって、本当に大事なのよ」

真剣な面持ちで、色とりどりの七つの石を選び終えると、私の前に並べた。

「はい、これは喉に。そしてこっちは胸に。これはお腹に……」

彼女は私のタートルネックのセーターに遠慮なく手を入れ、下着に石を挟んでいく。最

後に、残った銀色の石二つをもって、

「これは手に握って。はい。じゃあ始めるわ。目を閉じて、ノートルダムに祈っていて。ノートルダムがピンとこないなら、あなたが信じている場所を思い浮かべてね。いい？」

信じられる場所と聞いて、すぐに祖母の暖かな家が浮かんだ。

「ウィ」と頷くと、先ほどと同じように、彼女は低い声で何か唱えはじめた。

瞼の裏が明るく感じられ、しだいに意識がぼんやりしてきた。

彼女の声は、私を取り囲むように四方八方から聞こえてきた。グワン、グワンと頭の中で鳴り響き、だんだん音として認識できなくなった。どこにいるのかも分からなくなり、瞼の裏に流れる光をひたすら感じつづけ……どれくらいの時間がたったろう。

「ビアン」

という彼女の声で、ハッと我に返った。

「どう？」

ゴクゴクと水を飲みながら、彼女は笑顔で私を見下ろしている。

どうって……？　あれ？　思い出そうとしても、その何かが分からなかった。私は何に困っていたんだっけ？　初めて経験する不思議な感覚だった。

渡された水を飲み一息つくと、さっきまでのことがゆっくりと思い出されてきた。ジャンのこと、ファームでのつらい思い出、太っちょダリとの山登り。思い出しても、なぜかどれも遠い出来事のようで、まるで他人事のように「いろいろあったなぁ」とのんびりした気持ちになっていた。心のどこにも暗い気持ちはなく、苦しみや混乱や悲しい気持ちがすっかり消えていた。

「消えた。苦しい感じが、消えちゃっている！　これは……何？」

驚いて彼女に尋ねると、彼女は私の肩をポンと叩いた。

「これはヒーリングよ。ストーンを使ってあなたのチャクラをヒーリングしたの。あなたのネガティブな感情は、その石がぜんぶクリアにしたわ。この石はこれからもずっと使えるわよ。そうね、あなたにはヒーリングを教えないといけないわね」

ヒーリング？　クリアにする？　この石が私の気持ちを消したというの？　まるで理解できなかった。けれど、この石が特別なことだけは分かった。

「ヒーリングって、すごいのね。それって、教えてもらってできるようになるの？」

そう尋ねると、彼女は頬に指をあてて考えながら、

「そうねぇ、あなた、この街に何日いる？　二週間いられるなら、大切なことを少しばかり教えてあげられるわ。宿はどこ？」

「……予定なんて何もないの、実は、まだ宿も決まってなくて」

正直に言うと、彼女は「セボン！」と親指を立てた。

「うちを手伝ってくれるなら、近くに部屋があるから、タダで泊まっていいわ。狭いけど、バイトの子が辞めたばかりだから、今は誰もいないの」

何という幸運だろう。路頭に迷っていた私に、ヒーリングを教えてくれるだけでなく、タダで泊めてくれるというのだ。

「ありがとう。すごく助かる！」

「そう？　それならよかったわ。私はジェンヌ。あなたの名前は？」

「私はジュネ。日本から来たの」

名前を告げると、彼女は驚き、いきなり私をハグした。

「信じられないわ。あなた、ジュネというのね？」

ジェンヌは私の目をじっと覗き込み、そして、レジの横に置いてあった少女の写真を私に見せて、

「これ、私の娘。この子もジュネという名よ。縁があるわね。よろしく、ジュネ。まぁ、おかしい。同じ名前の娘が二人できるなんて！」

彼女は豪快に笑った。

こうして私は、彼女のお店を手伝うことになった。

# 気分屋の魔女と魔法

ジェンヌは天然石屋のオーナーで、ふだんはストーンヒーラーとして別の街で体や心の治療をしている。いつも陽気に鼻歌を歌い、石や植物に話しかける。着心地のよさそうなコットンのワンピースに、つま先の丸いブーツ。ふくよかな体型に、栗色の髪をアップにしたお団子へアー、まるで北欧の童話にでも出てきそうな風貌だ。

私がルルドを訪れる数日前に店番の子が辞めてしまい、その日はたまたまオーナーの彼女が店に立っていたのだった。

「私は店番が嫌いなの。ただ石を売るなんて退屈すぎると思わない？　あなたが来てくれて、本当に助かったわ」

その言葉のとおり、ジェンヌはちっとも石を売ろうとしない。歌ったり、掃除をしたり、私に石の説明をしたりするのに夢中で、レジに並んでいるお客さんに、「ごめんね。いま忙しいから、ちょっと待ってて」と言って、平気で待たせてしまう。

その代わり、ヒーリングについては深いこだわりがあり、物言いもストレートだ。

「ジュネ、あなたは今ちっとも真剣に聴いてないわね？　体を治すことに全然興味ないのね？　とっても頑固な性格なのね」

心を読まれてバツが悪かったが、彼女の言うとおり、私は体を癒すことに全く興味を抱けなかった。自分も家族も健康に恵まれて、入院したこともないせいか、病気の知識もほとんどなかった。

「ごめんなさい、私は心にしか興味がもてないみたい」

そう謝ると、

「ノン。気にしないで。あなたは心を追いかける。そういう運命なのよね」

すぐに察した彼女は鼻歌を歌いながら、心を癒すヒーリングを一から教えてくれた。

ジェンヌによる魔女修業はどんどん本格的なものになっていった。

天然石の扱い方や選び方、錬金術の手法を使った不思議なバスソルト作りやハーブの調合、そしてルルドの水を使った場のエネルギーの調整法。中でも興味深かったのは、オーラの解釈や調整法だ。私が小さいころから感じていたオーラは、その色で性格や考え方、精神を捉えられる。また、オーラには一時的な記憶機能もある。オーラを調整すると、悲しみや苦しみの記憶を癒し、気持ちをコントロールすることができるようになる。これがヒーリングの基礎だった。

ジェンヌは難しそうな専門書を何冊ももっていて、鼻の上に眼鏡を載せ、さまざまなことを教えてくれた。私は必死にメモを取る。フランス語でレシピや説明を読み上げる彼女の姿は、まるで物語に出てくる魔法使いにそっくりだった。

「ジェンヌ、あなた本当の魔法使いみたいね」

思わずそう言うと、ジェンヌはめずらしく真顔で「ノン」と言った。

「いいえ、ジュネ。魔法は本当にあるの。何か意図したら、それを信じること。その力が何よりも大事なのよ。私たちはもともと、大きな大きな力をもっている。ただ、みんな忘れてしまっているだけなのよ」

そう言って、私の手を握り、

「分かる？　私は心から信じてるの。石も、ハーブも、言霊も、オーラも、すべてに偉大な力が宿っていることを。ジュネ、あなたにはそれが感じられるはずよ」

ジェンヌの言葉どおり、自然への尊敬や信頼の気持ちが心からあふれるのを感じた。圧倒的な信頼、そして信念。それは彼女のヒーリングパワーの強さ

色とりどりのハーブソルト。

そのものを表わしているような気がした。

「エネルギーはね、感じるもの。フィーリング。考えてはダメ。ここを出ても、いつでもそれを感じて生きなさい。そうすれば、必要なものが必ずあなたに返事をくれるわ」

心配しなくてもできるから大丈夫、とウィンクするジェンヌの言葉を聞きながら、私は胸が熱くなった。偶然出会ったはずなのに、ほんの短い間に、まるで家族や姉妹のように何でも話し合える大切な存在になっていた。

## 祈りの地とお別れの予言

ジェンヌの手伝いに慣れたころには、あんなに不安と後悔の念を感じていたルルドの街も、すっかりホームタウンのようになっていた。私は休憩のたび、お店の近くにある小さな教会を訪れた。毎日通っているうちに、ロザリオを売る老齢のシスターと仲良くなった。少し耳の遠いシスターは、私が日本から一人でフランスへ来たことを知ると、大きな声で、

「まぁ、それはそれは。遠い日本からたった一人で来るなんて。心細いことでしょう？でもね、もうここはあなたの家。ルルドは信仰に関係なく、信じれば奇跡が起こり、救われる場所なのよ」

温かな手で私の手をさすり、美しいグレーの瞳で私を覗き込んで、そうして微笑む。シ

スターはたびたびミサやお祈りの仕方など、教会の作法を親切に教えてくれた。

ルルドの街で何より美しいのは、夜の教会だ。日が落ちると、奇跡を求める人々が、街のあちこちからロウソクをもってルルドの大聖堂に集まってくる。大聖堂の上から、その美しい群衆の祈りを眺めることが私の毎晩の日課になっていた。

祈りに参加するのではなく、心から祈るみんなを見守り、その願いが届くように祈ることが、私にちょうどいい立ち位置だった。人々が灯すロウソクの光は、まるで奇跡そのもののように尊く感じられた。命の輝きだった。その光を見つめていると、なぜか自然に涙があふれた。


ルルドでの最後の夜、ジェンヌは私の目をしっかりと捉え、静かにこう言った。

「ジュネ、あなたはいつかティーチャーになる。そういう予定になっている。あなたが生きてきたこれまでの時間が、きっとそこまで押し上げてくれる。これからも素晴らしい出会いをして、あなたは学びつづけるでしょう。でもね、エネルギーは依存を招くこともあるの。何度もあなたを頼ってくる人がいたら、私があなたにしたように、この魔法を教えなさい。それがあなたの立ち位置。忘れないで」

「ティーチャー？　いつか私も、エネルギーを教えるということ？」

ルルドの夜のミサ。車イスの人を囲むように多くの人が祈りをささげていた。

「そう。あなたは幸運にも初めから目覚めていたけど、あなたが出会う人たちの力はまだ眠っていることもあるでしょう。一つひとつエネルギーを感じることから始めることね。先回りしてはダメ。まず感じるのよ」

ニッコリ笑うジェンヌ。そのスカイブルーの瞳を見ながら、私は頷いた。同時に、運命とは不思議なものだなぁと感じていた。農業を学びにフランスへ来たはずなのに、いつの間にかカード占いとストーンヒーリングができるようになっていた。しかも私は、この不思議なエネルギーを、人に伝えていくのだという。フランスに来てからの毎日が、迷い込んだ夢の中のストーリーのように思えた。

「ねぇ、ジュネ。やっぱりあなたはメイトだったわね」

「メイト？」

「ウィ。魂がバイブレーションする相手。ソウルメイト。理由もなく惹かれ合って、大切な学びをする相手。私はあなたに出会ったおかげで、愛しいわが小さな娘にこれからどうしていけばよいのか、自信がついたわ。ありがとう」

私の存在がジェンヌの役に立っていることにちょっと驚いた。私を置いてくれるのは、ただの親切心からだと思っていた。でも伝わってきたのは、彼女が心から感謝しているという感覚だった。

ソウルメイト。

初めて耳にする言葉だったが、ジェンヌの笑顔を見ていると、心にしっくりきた。

私たちは時々目に見えない「魂」によってだれかと惹き合わせられることがある。ソウルメイト。魂の共鳴で惹かれ合う運命の出会い。そうやって私たちは、出会い、大切なものを学んでいくのだろう。

こうして私は、魔女のレッスンを終えた。ジェンヌが選んでくれたチャクラストーンや天然石をトランクに詰め、私はルルドの町を旅立った。

## 魔女のいる街

ジェンヌと別れ、私はまた鈍行列車に乗った。もう、何も怖くなかった。ただ自分の感性を信じ、自分が行きたいと思った先へ進むことにした。街々を思いつくまま寄り道する。

カルカッソンヌの街で、圧巻とも言える大きな城と城壁に感動し、港町のセットでは、地中海をクルージングして採れたての生牡蠣を楽しんだ。アヴィニョンでは街中でバンド演奏をしているスペインからの移民と仲良くなり、久しぶりにドラムを叩いた。

毎日カードをめくり、行く先々でハーブのお店やアロマのお店を見つけては、ジェンヌに教わったヒーリングの勉強を続けた。いつしか私のトランクは、天然石やハーブ、アロマでいっぱいになっていた。ジェンヌと出会い、心地よい旅の中で出会う人々のおかげで、私はすっかり元気を取り戻していた。好きな音楽を聴き、疲れたらカフェで休む。お腹が空けば、お気に入りのレモンたっぷりのシトロンバタークレープを頼む。街でピンとくるものがあれば、臆することなく首を突っ込み、フランスの文化についてあれこれ尋ねてみた。

特に心がときめいたのは、行く先々で見つけた魔女たちの小さなショップだ。

フランスにはたくさんの魔女たちがいる。何となく心惹かれ、石畳の路地を入っていくと、ひっそりと魔女の店がある。店を覗くと、薬草やカード、アロマや天然石がところ狭しと並べられている。どの店にも、おしゃれで個性的な明るい魔女がいて、客から相談を受けては薬草を処方したり、アロマを選んだりしていた。

印象的なのは、どの魔女もジェンヌと同じように、心や体のエネルギー状態を読んでいたことだ。私はフランスに来るまで、心やエネルギーを読む力が職業として成り立つということを知らなかった。家族の誰もそれを商売にしているものはいなかったし、職業になるとも思っていなかったのだ。

けれども、フランスの魔女たちは、さまざまなアプローチでエネルギーを感じ取り、客

南仏。魔女たちのいる店が点在する路地裏で。

の問題に対処していた。それは一つの素晴らしい才能だった。何に悩んでいるのか、何を必要としているのか、真剣に客の気持ちを読む彼女たちからは、〔大丈夫。私が助けてあげるわ〕という真摯な気持ちが伝わってきた。少しも目を逸らさず、相手に向き合う姿は美しかった。

不思議な魔女の店に出会うたび、「いつか私もこんな店を開いてみたい……」と思うようになった。デザイナーになって以来、止まってしまった運命の時計の針が再び動き出したような気がした。

ジャンの農場を出て、南フランスから北を目指して一カ月。私はようやく最後の目的地、モン・サン＝ミッシェルにたどり着いた。

（第5章）

# スフィア

## ミカエルの聖なる地

「海の上に美しい島を創ってほしい」と神に頼んだら、こんな形になるのだろうか。モン・サン＝ミッシェルはそう思わせるほど、完璧な姿で存在していた。バスを降り立った私は目の前の美しい光景に息を呑み、ただ感動を味わっていた。

広く広く、限りなく続く滑らかな干潟に包まれ、繊細なバランスで建つ大聖堂。神秘的な自然と人の手による建築とが融合し、絶妙なハーモニーの光景を生みだしていた。

モン・サン＝ミッシェルに続くまっすぐな一本道が伸びていた。天に続くかのように美しい一本道だった。道の起点に建つホテルに荷物を預け、私はお金もパスポートももたず手ぶらで島に向かうことにした。身軽になって、存分にこの空気を感じたい、そう思ったのだ。

気持ちよく晴れた午後。遠くに見えるモン・サン＝ミッシェルに向かい、一人歩く。スカイブルーの空と穏やかな風を楽しむように、カモメが気持ちよさそうに飛んでいく。ここまでたどり着いた奇跡に、涙が出た。

15分ほど歩いただろうか。ようやく道の半分まできたところで、ふと空気が変わったように感じた。ふんわりと暖かく、すべてが愛しくなるような、ホカホカとした不思議な感

モン・サン＝ミッシェルの橋の上。この少々手前から、多くの人が手をつないだりキスしたり、愛のゾーンに入ったようだった。

覚に包まれていた。まるで見えない境界線を越えたかのようだった。あまりに気持ちがいいので、その場に立ち止まり、ゆっくりと周りを見渡す。すると、驚く光景が目に入った。

私が「空気が変わった」と感じた場所で、歩いていたカップルたちが、微笑み合い、キスしはじめたのだ。家族連れは示し合わせたように、笑顔で一斉に手をつなぎはじめる。このゾーンに入ったとたん、みんなが愛という魔法にかかったようだった。農場にいた太っちょダリを思い出した。マリアの木の心地よさに、ダリは寝転んでいた。あのときの感覚と似ている。

モン・サン＝ミッシェルは、それ自体が大きな〝聖域〟なのだと気づいた。太っちょダリを懐かしく思い出しながら、少しエネルギーが分かるようになった自分を愛おしく感じた。30分ほどかかって、ようやくモン・サン＝ミッシェルまでの道を渡り切った。

そびえ立つ大聖堂の上には、金色の聖ミカエル像が小さく輝いている。大天使ミカエルは剣を携え、勇ましい姿だ。島の中はメインストリートのグラン・リュに沿って可愛らしい店がひしめきあい、石畳の上り坂が続いていた。その昔、巡礼にやってくる修道士のために考案されたという、モン・サン＝ミッシェル名物の大きなオムレツのお店を横目に見ながら、息をはずませて坂道を登っていく。中腹にあるジャンヌ・ダルク像の立つ教会でお祈りをし、また坂道を登る。ようやく大聖堂の入口まで来た。

しかし受付に入ったところで、大変なことに気づいた。大聖堂に入るには入場料がかかるのだ。そうとは知らず、のん気に手ぶらで来てしまった私。お金がなければ、中に入れない。

自分のそそっかしさに肩を落として帰りかけると、前にいたアラブ人らしき団体客が「フリー！」と大きな歓喜の声をあげた。フリー？　もしかして、無料？　恐る恐る受付に行ってみると、

「こんにちは、お嬢さん。あなた一人？」

なんと、0ユーロ！

と感じのいいムッシューに聞かれた。

こくりと頷くと、

「オーケー、一名。はい、チケットね」

渡されたチケットには、〝0ユーロ〟とある！　あまりの幸運に驚き、

「どうして無料なの？」

と尋ねると、ムッシューはにっこりと微笑み、

「お嬢さん、ミカエルからのプレゼント

だよ。時々そういう日があるんだ」

とウィンクした。まるでおとぎ話に出てくる奇跡のような展開。どうやら運命は、大聖堂へと導いてくれているようだった。

## 世界は愛でできている

ゲートを一歩入ると、石造りの重厚な空間に圧倒された。

タイムスリップしたかと思うほどの、歴史を感じさせる大聖堂。長い階段を登ると淡い色の干潟が現われ、見上げるとそこに、金色のミカエルが輝いていた。どこを見ても、ため息の出るような美しさだった。やわらかな光の差す大聖堂のサンクチュアリ、柱の立ち並ぶ長い廊下、天に祈りを捧げる空中庭園。うっとりした気分で聖堂内を回っていると、また不思議なことが起きた。

私が部屋に入っていくと、なぜかその場所から人がいなくなる。多くの観光客でガヤガヤ賑わっていたはずの部屋が、いつの間にかシーンと静まり返っているのだった。

……ツアーでみんな急いでいるのかしら？　順路を進むたびに、まるでみんなが示し合わせたかのようにいなくなり、私一人、部屋に残される。

静かな空間での不思議な感覚。この感覚には覚えがある。魂のサインだ。まるで異次元

いつの間にか人がいなくなり、シーンと静まり返っていた。

に迷い込んだかのように感じるあの感覚だった。今回はどんな意味のサインなのだろう？　何が起こるのだろう？　首をひねりながら、小さな祈りの場のような教会に入ると、

《そこに座りなさい》

と落ち着いた声が響き渡った。はっきりとした、日本語だった。久しぶりに日本語を聞いた私は、びっくりしてあたりを見回した。誰もいない。でもたしかに今、はっきりと声を聞いた。おかしいなぁ。首をひねりながら、部屋を出ようとすると、また、

《そこに座りなさい》

と響いた。そこでようやく気づいた。この声は私の頭の中に直接流れている。何ものかが私にアクセスし、じかに語りかけているようだった。

また始まった……。今度は誰？

すると静かに返事が返ってきた。

《この椅子に座りなさい。お前は導かれたのだ》

落ち着きのある静かな男性の声に促され、私は素直に、祈りの場にあった木の椅子に座った。

突然眩しい光が脳裏にまたたき、頭の中にビジョンが流れはじめた。それはまるで空に開いた雲の隙間から、この地上を見渡しているような映像だった。

落ち着きのある静かな声が降ってきた。

光り輝く映像の中に、私がいた。

映像には、私が生まれ、このモン・サン＝ミッシェルにたどり着くまでの〝道のり〟が凝縮されていた。不思議な力をもつ家に生まれ……『聖なる予言』に出会い……ソウルメイトたちと出会い……心や魂について学び……運命に導かれ……ジュネという名が象徴するフランスへ旅をし……思いもよらぬ形で目に見えない学びをする……。出会ったものすべてが、私に成長を遂げさせるためのものだと暗示する映像だった。

《お前は導かれた。そして、たどり着いた》

信じられなかった。この人生は偶然などなく、すべて完璧なプランだというの？　自分の人生に散りばめられていた、奇跡のような数々の出会い。それらすべてが自分の成長のために用意されていたことを示していた。

もしあの家に生まれていなかったら？　高校であの本に出会わなかったら？　もしイギリスへ行っていたら？　フランスへ来なかったら？

一つでも何かが欠けていたら、この奇跡のような瞬間を迎えられなかっただろう。すべての出会いが私を育み、導いてくれた。胸の奥が熱くなり、大粒の涙があふれた。すべて偶然ではない。完璧な出会いを果たし続けたこの奇跡のありがたさに目まいがして、私は倒れそうになった。

「ありがとう、ありがとう、ありがとう、ありがとう、ありがとう……！　本当に、本当にありがとう！」

　私は泣きながら、ただただその言葉を唱えていた。そうして生まれて初めて、自分に対して感謝を覚えた。

　嫌なこともたくさんあったけれど、諦めずにここまで歩いてきた自分がいた。真摯に魂のサインを探しつづけて生きてきた私を、ただ褒めてあげたいと思った。

「ありがとう、世界！　ありがとう、私！」

　大泣きしていた私に、通りがかった白髪のマダムがハンカチを差し出してくれた。パリッとアイロンのきいたハンカチの白さに、我に返った。そうだった。ここはモン・サン＝ミッシェルの大聖堂。人で賑わう観光スポットだ。

「メルシー」つい口に出たフランス語。また〝ありがとう〟だ。ニッコリ微笑むマダムの優しい眼差しに、また涙があふれた。

　世界は、どこまでも優しかった。世界は、愛そのものだった。

　この世界のことも、自分のことも、今まで本当に何も知らなかったのだと気づいた。そして、心のままに一生懸命生きてきた自分が、この世界のかけがえのない一つのピースだったことを理解した。

この世界の誰もが、愛でできているのだ。世界はいつも愛で会話し、呼吸し、バランスをとっている。私はこれまで、自分の見たいようにこの世界を見てきたのだった。それは真実とはほど遠い、世界の上澄みを見ていただけだった。

だけど違った。この世界は、愛でできている。

## スフィア

生まれてきてよかったなぁ、としみじみ思っていると、またあの声が響いた。
《お前は魂の視点を受けとった》
魂の視点？　そうか。〝魂〟というものは、こういう感じなのね。想像と、実際の体感がこんなにも違うものかと驚いた。それにしても、この声の主は一体誰なのだろう？
《私はスフィア。すべてを司るエネルギー》
また、私の頭にビジョンが流れてきた。それは、宇宙の始まりの映像だった。
無の中で一つの〝何か〟が、自分の存在に気づいた。
《この気づきを、愛という》
（自分だと目覚める感覚、それが愛なの？）

すると次の瞬間、何もない無の中で、「私だ」「私だ」「私だ」とおびただしいほどの気づきが巻き起こり、共鳴しはじめた。共鳴はいつしか激しい波となり、ものすごい速さで広がっていった。そして強烈な光が生まれ、爆発した。

《これが愛の力だ》

そのシンプルな言葉に、膨大なエネルギーが含まれていると感じた。さして混乱することもなく、私はこの映像や言葉の意味を理解した。

スフィアと言ったけど、一体これは、何の声なのだろう？

そう思ったとたん、まるで答えるように頭の中に、あらゆる角度に光を放っている巨大な丸いホログラムが映し出された。映像の中に私がいた。私が体を動かすと、巨大なホログラムが光を発し、私に合わせてバランスをとろうとするように動く。これは何？

《スフィア。お前が動くと、すべてが動く。そのバイブレーションの変化を伝えるのが私の役割だ》

（このホログラムが、あなたなの？）

《私はエネルギーだ》

静かな返答が返ってきた。

《この世のすべてはエネルギーでできている。物質も、お前も、この星も、目に見えない

ものも。すべてはエネルギーが基にある》

……すべてがエネルギーでできている？

そう考えた瞬間、見たこともない奇妙な記号の羅列が、ザーッと脳裏に走った。プログラムのような映像は次第に形を成し、人生の記憶として走馬灯のように流れ出した。原始時代、中世のヨーロッパ、アラブ、チベット、エジプト、アラスカ、アメリカ大陸。男だったり、女だったり、さまざまな時代の、さまざまな国々を転々とした生まれ変わりの記録が映し出される。これらすべてが自分のものだと、私はすぐに分かった。

それぞれの命は、点と点でつながるように共鳴し合い、数え切れないほどの生まれ変わりの経験が、今の私を支えているのだった。

さらに人間だけではなく、恐竜や鳥、トラ、リス、クジラ、魚、虫、小さなエビ、植物やプランクトンなど、さまざまな動植物として生まれた命の記録が流れはじめた。動物として生まれてくるときは、人間であるときよりも本能的な感覚が鋭い。クジラは地球全体の気象や、地の動きを鋭敏に捉えていることが感じられた。

植物として命を宿すときには、壮大な時が一瞬に感じられる。大木は雄大な時間の流れの中で立ちつづけ、何百年という時間をあっという間に経験する。どの生命たちも、地球の一つのピースとしてさまざまな役割をもちながら、生まれては消えていく。

場面が宇宙に切り替わった。地球からずっとずっと遠く離れた星での記憶。光の集合体が映し出された。さまざまな生命体が、そして星そのものが、銀河系単位で囁き合うようにつながっていた。他の星の命の記憶と連動し、宇宙全体の命たちが、進化するための共鳴をしていた。

ここまで映像を見ていて、大変なことに気づいた。これらすべてが私だったのだ。どの場所にも、どの時代にも、どの星にも、命の記憶のすべてに、私が宿っていた。何から何まで、私の経験だった。すべてが私だった。

これが魂の記憶なのだと、私はなぜか知っていた。魂の記憶は世界と共鳴し、お互いがお互いの体験のために存在していた。世界があるから私がある。私があるから、世界がある。詳しい解説は何もない。でも、このビジョンが真実であることを、私は分かっていた。

もともともっていた記憶を思い出すような感覚。そこには何の疑念もなく、ごく当たり前のこととして、私はビジョンを見ていた。光と膨大な映像が絶え間なく頭の中で流れ、映像のすべてが粒子になり、私と世界の共鳴が光で埋め尽くされ、可能性が目覚め、無が訪れ、そして何もない始まりに戻った。

……これが、私？
《この記憶すべてにお前の意識が宿り、お前は存在している》
……あの小さなエビも、どこかの星にいたあの人物も？　どれもこれも、私なのね？
想像を絶する映像だった。でも、どこかでそれを当たり前のことだとも思っている。この異様な感覚に、私はただ放心していた。それでも一つ、どうしても知りたいことがあった。
……私が今、見たものは何？
《アカシックレコード》
スフィアの声が、また、美しく響いた。

## アカシックレコードとダ・ヴィンチの秘密

大聖堂を出て、放心状態のまま、メインストリートを戻った。モン・サン＝ミッシェルを出て、広々とした干潟を眺めながら、大きく深呼吸をする。ゆっくり伸びをした。カモメが気持ちよさそうにのんびり飛び交っている。鼻腔から入る潮の匂いに、ようやく私の現実に戻ったような気がした。

……白昼夢だったのかしら？　それにしてもすごい内容だった。ほうっとため息をつい

た瞬間、

《私は常におまえと共にいる。そして私たちはこれから旅をしなければならない》

驚いたことに、大聖堂を出ても、スフィアの声はまだ鮮明に聴こえてきた。

……ちょっと待って。これから私はパリに戻って観光する予定なの。共に旅をするってこと？

《まずはダ・ヴィンチだ》

……ダ・ヴィンチ？　ダ・ヴィンチって、あのモナリザで有名な、画家のレオナルド・ダ・ヴィンチのこと？

《パリへ行く前に、彼の墓へ向かいなさい》

ホテルに帰ってフロントマンに尋ねてみると、スフィアの言うとおり、パリへの帰り道に、ダ・ヴィンチのお墓があると言う。私はバスと列車を乗り継ぎ、しぶしぶ目的地のアンボワーズという街に向かった。

ダ・ヴィンチが亡くなる前に滞在していたというアンボワーズ城は、まるでおとぎ話に出てくるような荘厳なたたずまいだった。

「素敵なお城！」

さっそくお城に入ろうとすると、またスフィアの静かな声が響いた。

《ここではない。その看板を追いなさい》

小さな看板が目に入った。矢印が書かれている。この看板をたどれということだろうか。それをたどっていくと、クロ・リュセという屋敷に着いた。入口の壁には、ダ・ヴィンチのポスターがかかっている。チケットを買い、美しい中庭を抜けて建物に入ると、ダ・ヴィンチが生前に造ったという発明品の数々が並んでいた。

ダ・ヴィンチといえば「最後の晩餐」や「モナリザ」のイメージがあったが、そこに飾られていたのは、ヘリコプターや自動車、河川用のウォーターポンプなどの発明品だった。中には自動で動く兵器まである。

《ダ・ヴィンチのアカシックレコード》

スフィアの声が流れ、頭の中に映像が流れた。場所はアメリカの大都市。時代は……現在よりももう少し後、そう、四十年後ほどの未来だろうか。なんとも不思議な感覚。私が少し疑問に思うと、答がスフィアから伝わってくる。まるで私の頭が、すべてを知っているスーパーコンピューターにつながっているような感覚だった。

映像の中で、背の高い黒髪の癖っ毛の男性が、美術館の設計図をもって足早に歩いている。彼のもつ設計図から、鮮明なイメージが伝わってきた。それは先進的な美術館の構想だった。自然光をバランスよく取り入れ、人々がくつろぎを感じるように設計されていた。

ゆるやかなアーチを描く観覧順路。最新鋭のＵＶガラスを取り入れ、温度、湿度、調光、警備など、貴重な美術品への管理体制が完璧に備わっている。敷地面積に対する建物との黄金比を計算し、多角的に空間設計していることが伝わってくる。

（……スフィア、これは何の映像？）

男性の外見は、絵で見たダ・ヴィンチとは全然違う。けれども、なんとなく彼本人だという気がした。

《彼の未来生だ。先ほどの発明品は、現代の技術をアカシックレコードを通して見たものを、彼が中世で再現したものだ》

未来生？　人って、過去から今に生まれ変わるのではないのだろうか？

《それは概念の一つで、真実ではない。命は、今より過去に生まれる過去生と、未来に生まれる未来生がある。それらは決して直線でつながっているわけではない》

私はそれまで、時間というものは、過去、現在、未来と流れているものと思っていた。しかし魂の視点で見ると、私たちは、過去から未来に向けて生まれ変わっているわけではないようだ。

アカシックレコードは時空を超えて、いつの時代の記憶でも再生できる。そして時々、こうやって未来の記憶を過去に再現する人もいるのだと知った。

天才レオナルド・ダ・ヴィンチは、未来を知っていたのだ。

## 時空を超える引き寄せ

次の日は、教会を巡った。フランスの教会は誰でも自由に入ることができる。スフィアが案内したのは、お城の隣にある大きな教会だった。美しいステンドグラスが反射して映る祭壇の前に、陽炎《かげろう》のようなものが漂って見えた。

……このモヤモヤしているものは何？

《想いのエネルギーだ》

そこかしこに想いのエネルギーが見えた。手を出しエネルギーを感じてみると、喜びを感じた。また脳裏に映像が流れる。緑が匂い立つような草原と小川。柔らかな日差しの中、立派な衣装を身に着けた貴族らしい青年が、二人の従者と共に馬に乗って現われた。青年はなだらかな丘を見上げた。

「ここに城を移すことで、街を発展させ、民衆たちを守ることができるだろう」

彼は、ワクワクしながら想像を膨らませている。映像が替わる。僧侶や修道士、シスターなどに生まれ、熱心に神に祈っている彼。また映像が替わり、商売や政治に関わる人生を選んだ彼が、経済の仕組みを学んでいる人生が映し出された。さらに映像は切り替わり、古代の中国だろうか、風水師として建国に貢献している彼が映し出された。方位や地形を詳細に把握し、都の建設に力を注いでいる。さまざまなタイムラインの経験を経て、彼はこの青年として生まれたのだった。

時空を超え、彼の命の数々がそれぞれを支え合っている。……壮大な命の計画がそこにあった。

《人は過去や未来の記憶につながり、記憶の共鳴が、現実を創り出す》

また、映像が流れた。この地域に住む人々が、この土地で結婚したり、亡くなった家族を見送ったり、そして祈っている姿が見えた。どの瞬間も、感謝と祈りに包まれていた。

人々の感謝や祈りは、時空を超え、この土地に城を建てようとしている彼のワクワクした感覚とつながっていた。

私たちの祈りや感謝は、時空を超えて誰かの力となっているのだろうか？　もしそうだとしたら、私が追いつづけてきたワクワクする心の感覚も、多くの人たちの願いや想いにつながることで、ここまで導かれたのだろうか？　これまで考えもしなかった見えない大きな祈りの力に、私はただ涙を流していた。

すると、また別の映像が流れ出した。まだ何もない、これから地球ができるだろう場所に、他の星々の想いが集まっていた。地球の誕生にさまざまな星たちが強く共鳴し、他の星々から地球を目指している魂の光が見えた。

……すごい。まるで宇宙の星々が、この地球をパワフルな星になるよう助けているみたい。

《エネルギーは共振し共鳴する。すべてはバランスだ》

スフィアの言うバランスという言葉とともに、この無数の星の中のどの一つが欠けても、地球はできなかったということが伝わってきた。私たちは、奇跡の上に立っている。願いは一人で叶えるのではなく、みんなで叶えていくものなのだ。

世界はすべて、どこかでつながっている。

## アカシャとアカシックレコード

《アカシックレコードは、集合体のすべての記録が記されているエネルギーデータだ。人は、無数の細胞の集合体。地球や銀河も同じように星屑の集合体。この集合体の意識の中には、命の物語や叡智が秘められ、互いをサポートするように情報を交わし合っている。人類も、もう何百年かして社会の成熟が進むと、誰しもがこのアカシャの情報システムにつながって生きることができるようになる》
アカシャ?　耳慣れない言葉だった。

《アカシャは目に見えないため、空《くう》と呼ばれている。全宇宙につながる目に見えないエネルギー情報システムのことだ。すべての物質は、空の次元で情報を交わし合っている。その情報網を集合体単位で捉えたものがアカシックレコードだ。

お前たちの神経シナプスは、この目に見えない情報を得るために、空の次元、すなわちアカシャに向けて開かれている。お前たちはシナプスからアカシャにつながり、エネルギーを得て、情報として処理することができる。このような仕組みを理解していくと、いずれ、人は誰もが目に見えないエネルギー情報をきちんと理解するようになるだろう》

スフィアの声とともに、ミクロの世界の目に見えない小さな点と点が囁き合うようにして情報をやりとりしている様子が映し出された。このミクロのエネルギー伝達を神経シナプスがキャッチし、脳が情報処理し、アカシックレコードの記録情報として理解するに至るようだった。

アカシックレコードと、アカシャの情報システム。目に見えない世界へ目を向けてみると、私たち人類は、なんて素晴らしい能力を秘めているのだろう。

スフィアの話は、どれもこれも聞いたことがないことばかりで、難しく感じられる。けれど私の脳は、エネルギーで受けとり、この難しい解説をちゃんと理解していた。急に頭がよくなったような、不思議な感覚だった。

私が特に何か変わったわけではない。けれど、スフィアから伝わるアカシックレコードの情報によって、私はとても深いところで、何かが変わったような気がした。

## Noel Spiritual

フランスを離れる前日、スフィアは美術館に私を誘った。人のまばらな、小さな私立美術館だった。受付でチケットを買おうとすると、係の女性が「学生さん？　それなら割引があるわ」と、囁いた。彼女の心から、旅をする子を守ってあげたいという思いやりが伝わってきた。どうやら東洋人は、フランス人から見るとずいぶん若く見えるらしい。アカシックレコードにつながって以来、私は人の心を容易に感じられるようになっていた。もう、嫌な気持ちや悪口ばかりを感じてしまう臆病な私ではなかった。

「ありがとう。でも、学生ではないの。一般のチケットをお願い」

私が囁き返すと、彼女は器用に片眉を上げて、チケットを売ってくれた。

《まっすぐ進み、……そこだ。この名前をお前に授けよう》

スフィアの声を聴きながらたどり着いた先には、男性の裸体像が立っていた。土台には「Noel」の文字。

……ノエル？　この名前を私に使えということ？

《お前は、帰国後にアカシックレコードの実践に入る。その店に、この名前を付けなさい》

店？　確かにフランスの魔女のようなお店を開きたいなとは思っていたけれど、そんなに都合よく店が見つかるだろうか？　……ノエル。悪くない響き。一応、覚えておこう。

長い旅を経てようやく帰国した私は、母とその友人との三人で食事をした。すると、母の友人がひょんなことを言い出した。

「ねぇ、ジュネちゃん。うちの納屋が空いているんだけど、何かやらない？　私がお店をしていた小さなスペースがあるのよ」

驚いた。スフィアの言ったとおり、私の店はちゃんと用意されていたのだ。……どうしよう。店の経営なんて、やったこともない。でも心は、いつもの予感を感じていた。何かが始まりそうだと、ドキドキときめいていた。

一晩悩んで、決めた。伊豆に家を買うのをやめ、サロンを開くことにした。納屋の広さは二畳。トイレもない小さな店。入口はジャスミンの大きな木に覆われていて、誰も気づかないような隠れ家だった。海に続く歩道の端に、ささやかな看板を出した。

「Noel Spiritual ――ノエル　スピリチュアル――あなたの運命を読み解きます」

こうして、アカシックレコードを読む私の人生が始まった。

# （第6章）アカシックレコード

## 「お悩みごとは何でしょう?」

湘南の海の近く。ジャスミンの木に囲まれた、陽当たりのいい小さな隠れ家、それが私の店だ。サロンには小さな銀色のテーブルと椅子が二つ。私とお客さまが座ればいっぱいになる。ジェンヌの店の天然石やルルドの水が入ったスプレーを並べ、ささやかな看板を一つ出すと、待っていたかのように、お客さまが来てくれた。

サロンでは不思議なことが二つあった。一つは、お客さまが入ってくると、「人間関係を改善したい」「転職したい」などと、まるで看板でもぶら下げているように、悩みごとの内容を知らせてくるのだった。

例えば、小柄な若い女性が店を訪れたときのこと。緊張しているのか、席についても彼女はじっと黙ったままだった。けれど彼女の頭上には「私は画家になるために生まれてきた」というメッセージがはっきり出ている。

ハーブティーを出し、私は彼女を見つめながら話しはじめる。

「ようこそ。さて……あなたは画家になろうとしていらっしゃるの?」

単刀直入に伝えるや、彼女は目をまん丸に見開いて、大きな涙をボロッとこぼした。

「え……私まだ、誰にも言ってないのに。どうして分かるんですか? もう就職を決めなければならない時期なんだけど、どうしても絵を諦められなくて。就職活動もろくに手につかないんです」

彼女が話しはじめると、アカシックレコードから彼女の過去生の記録が映し出された。彫刻や絵画、教会の壁画などを一心に描いている姿だった。映像が切り替わり、ヨーロッパの孤児院が映った。そこに、本を寄贈している、子どもに恵まれなかった裕福な女性の姿。その心から、いつか自分の子どものために絵本や挿絵を描いてみたいという強い願いが伝わってきた。

どうやらこれらの過去生の願いや想いが強く入りすぎて、彼女は心のバランスが取れなくなってしまったようだった。心のバランスさえ取れれば、彼女は女性らしい幸せをすべて摑める……と魂の視点からのメッセージが伝わってきた。

「あなたはたくさんの前世の中で、美術を愛してきたみたいね。今回は、絵はもちろん、恋や結婚、そして仕事の経験も、女性らしい営みをすべて楽しもうと生まれてこられたようですよ」

「すべて……ですか？」

「ええ、絵に限らず、すべてね。前世と呼ばれるある古い時代で、あなたはヨーロッパの裕福な家に生まれたけれど、子どもに恵まれなかったことがあったようです。自分の子どもに絵本を作り読み聞かせたい、と強く願っている姿が見えたわ。これらすべてをバランスよく考えると、あなたは今世、画家になるだけではなく、子どもに絵本を描いてあげること、結婚して家族を作ること、そのような愛に出会うまでの道のりを、すべて楽しむために生まれてきているように感じますよ」

すると、彼女はキャンバスバッグから、スケッチブックを取り出した。

「これ、私の絵です」

スケッチブックは、白人の子どもと、ヨーロッパ風の景色のカラフルな可愛いイラストで埋め尽くされていた。そこには、過去生で彼女が見てきたたくさんの子どもたちの笑顔があった。

彼女はスケッチを見つめて、笑いながら、

「私がこうやって海外っぽい絵を描くのも、子どもたちの絵を描くのも、そういう意味があったんですね。そうかぁ。絵だけじゃなくて、いろんなことを楽しんでもいいんだ……私、すごく意固地になっていたのかもしれない」

「そうね。あなたのオーラには、強い信念を表わす緑色がしっかり入っているわ。これは職人さんや男の人に強く出る〝頑固〟カラーとも呼ばれているの。あなたはそのパワーで教会の壁画を一人で描いていたわ。それも素敵な個性よ」

「頑固！　思い当たる節があります」

と彼女はクスクス笑い、肩の荷が下りたように寛いだ表情になった。

彼女はこのあと出版社へ就職し、イベントや展覧会などで自分の絵を描き、それを広めはじめた。素敵な家族が現われるまで、彼女はきっとたくさんの学びと成長を経験するのだろう。

お客さまが看板のように掲げているアカシックレコードからのメッセージを感じるたび、私は祖母が昔教えてくれた「誰の心にも深いところに愛がある」という言葉を思い出す。

あれからずいぶん経ったけれど、「愛を見たい」という私の願いごとは叶ったようだ。

誰の心にも、尊い愛がある。そのとおりだった。

## 迷える客と時空の旅

サロンで感じた二つめの不思議なこと。それは、お客さまのほとんどが、「自分のことが分からない」と心の迷子になっていることだった。

どうして私は病気になってしまったんだろう？　なんで、いつも人間関係がうまくいかないんだろう？　なぜ、自分のことを好きになれないんだろう？　自分の人生のはずなのに、答がわからない……そんなお客さまがとても多い。

ある日のこと。おっかなびっくりの様子で、窓からサロンを覗き込む男性がいた。着心地のよさそうな上質のシャツに、品のいいペイズリー柄のベスト。おしゃれな青年だが、サロンに入って席に着くやいなや、もう我慢ができないというように話しはじめた。

「友人に聞いたんですけどね。こちらでは心を読んでくれたり、分からないことに何でも答えてくれるって、本当ですか?」

「ええ、聞いてくだされば、あなたのアカシックレコードを読んで、どのようなことにでもお答えしますよ」

「アカシックレコード? 何ですか、それ?」

「あなたの命についてすべて記録しているデータベースのことです。過去や未来。悩みごとや病気の原因。どのようなことでも、あなたの知りたい情報をダウンロードして、解明します」

「はぁ。そういうのは詳しくないんですが、僕はすごく悩んでるんです。昔から、どうしてもこの癖っ毛が気に入らなくて。嫌いなのは髪だけじゃない。自分そのものが嫌いで仕方がない。僕はどうしてこんなにも自分が嫌いなんでしょうか?」

吐き出すように、まくし立てた。改めて彼を見ると、ふんわりときれいなウェーブヘアーは、色の薄い彼の瞳にとても合っている。それなのに、それを許せないのだという。

「お気持ちはよく伝わりました。では、読んでみましょう」

髪型とは全く関係のないビジョンが流れはじめた。

《一九〇〇年代、太平洋沖》

古い型の戦闘機が、激しい空中戦をしていた。敵機の連射した弾が彼の乗る戦闘機のボディを容赦なく貫き、彼は落下していく。

（もうこんな暗い人生を送りたくない。祖国に帰りたい！　お母さんに会いたい！）

強い想いの中、母親がブルネットの美しいストレートの髪をブラシで梳《と》かす姿を思い浮かべながら、彼は海に墜落し、命を終えた。

「……そうね。前世っていう言葉を聞いたことがあるかしら？　戦乱の中、あなたはパイロットをしていたわ。戦闘機ごと墜落していく中、お母さんに会いたいと強く願っているあなたの記憶が見えました」

見たとおりのビジョンを彼に伝えると、彼は唖然として私を見返した。

「それ、知ってる。……その落下する感覚。中学生のころだったかな。高いところから落ちるような夢を何度も何度も見て、うなされて飛び起きていたんです」

すると、私の脳裏に次のビジョンが映し出された。

中学のクラスの男の子たちから無視されたり、お金をせびられている彼。苦しそうな面持ちで、こっそり母親の財布からお金を抜き取る姿が見えた。

そう伝えると、彼はため息をついた。

「あのころは、死にたいほど嫌なことばかりだったな。言われてみればそのころからです、この癖っ毛が嫌いで仕方がなくなったのは」

「ストレスをそこで強く感じたことで、戦争のころの記憶と、当時のお母さんの美しいストレートの髪が、心の中で絡んでしまったのではないかしら。私たちは前世から苦しみを呼びこんでしまうこともあるの。シンプルにまとめると、自分やお母さんのことを大切にできなかった罪悪感の気持ちが強く表われている……という感じね」

「それは今でも思います……。うちは父親が早くに亡くなって、母親が一人で育ててくれているのに、親孝行らしいことを全くできなくて」

すると突然、(愛する人と共に生きたい) というアカシックレコードからの彼のメッセージが見えた。本当の悩みは髪型ではなく、どうやらこちらが本題のようだった。

映像が流れ、ふっくらとした優しげな女性が見える。彼の現在の愛する人のようだ。

「とても穏やかで、ニコニコした感じの女性。あなたより少し年上の雰囲気の、ふくよかな感じの方、ご存じ?」

その言葉にキョトンとした彼は、すぐに、「あ、それは僕の彼女のことかな」と答えた。

その心から、彼女への愛情を必死に抑えている感覚が伝わってきた。

「もしかすると、彼女とのことで何か迷っていませんか？　ずいぶん気持ちを抑えているように感じるのだけど」

「参ったな。……実は、彼女は一度結婚していて、子どももいるんです。僕みたいなやわな性格で、彼女たちを養っていけるか自信がなくて」

「でも、心から愛しているのでしょう？」

彼の心から伝わってくる愛を、私はそのまま言葉にした。彼は、また驚いた顔をして、黙った。

ふと、静かな時間が流れた。時計の針の音、そして裏の木々で遊ぶ鳥たちの声が聴こえる。

しばらくすると、彼はふぅーっと息を吐き、私を見た。

「ジュネさん、……今、僕に何かしましたか？　頭がクリアになって、急に分かってしまったような気がする。僕は彼女のことを愛しているのに、自分の髪のことやら何やら、いろんな言い訳をつけて、立ち止まろうとしていたんですね……」

彼は思考を手放し、本当の答を見つけたようだった。

「大切なことに気づけたのなら、よかった」

そののち彼は、家族になった彼女とお子さんを連れてサロンへ遊びに来てくれた。ちゃんと、大切な愛を見つけたようだった。

## 真実の力

アカシックレコードは、私たちの命の記録だ。そこには数々の命の経験やそれぞれの想いがすべて記されている。膨大な情報は、地球、銀河の単位でストックされ、この人生と密接に関わり合っている。

私はモン・サン＝ミッシェルでスフィアとの対話中に見せられた、アカシックレコードの映像を思い出した。そこには、あらゆる時代の、あらゆる場での転生の記憶があった。膨大な、数限りない命の経験。この星で、遠い星で、男だったり、女だったり、人間ではない命の経験もたくさんあった。今の自分の姿とどれほどかけ離れていても、見せられたその映像すべてが自分の経験であり、自分の想いだと直感で分かった。

もちろん、この無限の命の情報につながっているのは私だけではない。どんな人であれ、みんなアカシックレコードにつながっている。もしあなたが自分を知りたいと思い、アカシックレコードの情報にアクセスしたら、あなた自身よりもあなたに詳しいすべてが書き記されていることに驚くことだろう。

アカシックレコードが伝えてくれる内容はさまざまだ。時空を超えた過去生のストーリーだったり、本人も忘れているような大昔の出来事だったり、ときには宇宙での記憶や、古代の知られざる文明での記憶が出てくることもある。

私たちの日常は、気づかないところで他のタイムラインと深くつながっていて、その情報をうまく使うと、からまった運命をほどくこともできる。

病気の原因もその一つだ。アカシックレコードは、私たちが気づかないところで、重要な記録を残している。

一年ほど前から急に子宮筋腫が大きくなった、というお悩みを抱えたご婦人が訪れた。アカシックレコードから伝わってくる情報によると、リップグロスの色素が体質に合わないようだった。それをお伝えすると、

「ジュネさん！　ちょうどそのころ、リップグロスのメーカーを替えたわ」

とすぐに、その原因に思い当たったようだった。その後、化粧品の使用をやめ、習慣的に白湯《さゆ》を飲み、ホットヨガで代謝を上げることで、彼女の筋腫は徐々に小さくなっていった。

またあるときは脳梗塞で倒れ、一命を取りとめたお客さまが訪れた。アカシックレコードから、十年ほど摂取していたコーヒークリームがこの症状の深い原因となっている、と伝わってきた。

すると彼は、コーヒーを飲むたびに何となく違和感やムカつきを感じていたことを思い出した。

「そういえば、タバコとコーヒークリームは、なぜか後ろめたい気持ちになるんですよ。どうやらタバコもやめたほうがよさそうだな」

日ごろの思考からくる良し悪しと、体が感じている良し悪しとには差がある。でも、私たちには直感力があり、どんなに習慣化されていても、体によくなければ、なんとなく違和感をキャッチしたり、気になったりする感覚がある。体からの大切なメッセージだ。

アカシックレコードにつながると、そのささやかなサインや、ちょっとした思い込みの習慣が私たちの体に負担を与えていることに気づく。見えない情報が、健康への大きな鍵となることがよくあるのだ。そんなとき、アカシックレコードを通すことで、体が望む本当の情報が伝わってくることが多い。

また、アカシックレコードにはこんな便利な使い方もある。

長年車のエンジニアをしているという方がサロンを訪れた。専門的な話がどんどん出てくる。車に疎《うと》い私には、全くチンプンカンプンだった。

すると突然、難解な専門用語の意味を分かりやすく示すように、文字やイメージ映像が流れはじめた。まるでテレビに流れるテロップのようだ。

《この補足的な文字やイメージは、彼のアカシックレコードからの情報だ》

なるほど。テロップはエンジニア氏のアカシックレコードから送られてきているのね。

私は彼の説明を聞き、テロップの解説を見ながら、「それは、このような意味で合っていますか？」と、一つひとつ意味を尋ね、話の内容を理解していった。

彼はふと途中で、

「へえ、あなた、ずいぶんと車にお詳しいのですね。一般の方とこんなに深く車のことを話せたのは、何年ぶりだろう。おかげで、自分に足りなかったものが思い出せました。スッキリしましたよ」

と安堵を漏らした。アカシックレコードは、私たちのすべてを記憶している。学んだことのない専門的な知識も、相手のアカシックレコードにアクセスすれば、データとして共有することができるというわけだ。

《人は本来、言葉やジェスチャーというコミュニケーションだけでなく、アカシャ・シス

テムを補足的に使い、情報を共有する能力を携えている》

ということは、専門分野に長けた人がいれば、その場にいるみんながアカシャ・システムを通じて、専門知識を勉強しなくても、まるで知っているかのように理解することができるということだ。なんて便利な世界だろう。いつかみんながアカシックレコードに自由につながることができるようになれば、それらの知識を共有し、それぞれの特性や専門性を活かして、さまざまな共同創造が起こるかもしれない。

また、アカシックレコードという空《くう》の世界に注目すると、人との縁がより深くなることも多い。カフェで女性の友人と話しているとき、

「最近、どうも腰の調子がよくなくてね」と友人がもらした。

そんな雑談中、隣のテーブルに女性が座った。すると、急に友人の体の構造が詳しく見えてきた。アカシックレコードの映像である。どうやら腰の調子がよくないのは、その姿勢に問題があると感じた。それにしても、どうして急に体の構造が見えたのだろう？　驚いた私は、隣の席に座った女性に挨拶し、職業を聞いた。ボーカリストだと言う。

「もしかして、体の仕組みに精通されているんですか？」

「あら、それほどでもないですけれど。体を使って声を出すものですから、筋肉や姿勢の

ことは、人より少し詳しいかもしれませんね」

話が弾み、友人は簡単な姿勢のレクチャーとボイストレーニングをしてもらうことになった。後日、友人は「腰痛も改善したし、苦手だった歌も好きになってきたわ」と嬉しそうに話してくれた。

目に見えないアカシャの情報にスイッチを入れていると、とたんに世界への扉が開いたかのように、人との縁も広がっていく。肉体的には、一人ひとり別々に存在しているこの世界も、アカシャを通せば、すべてがどこかでつながっているのだ。

ふと、スフィアの声が流れた。

《人は無意識の内に、自分の属する社会のアカシックレコード情報を共有し、進化していく。一人が学べば、その情報はアカシックレコードに蓄積されて、社会の進化にも貢献していく》

心理学でいう、集合的無意識だ。私たちは見えない世界でつながっていて、共に進化している。これもまた、アカシックレコードが存在する、重要な理由の一つかもしれない。

## 失った声

アカシックレコードが読めるようになってすべてがうまくいったかというと、そういうわけでもない。どんなに素晴らしい情報につながっていても、意図して自分を大切にしようとしなければ、バランスは容易に崩れてしまう。

サロンを開いてから三年ほど経ったころだった。評判が広まったせいか、たくさんの問い合わせが集まるようになり、気がつくと、予約はあっという間に一年先まで埋まるほどだった。忙しさのあまり、私は自分の人生の流れを確認することも忘れ、ただひたすらアカシックレコードを読みつづけていた。

心底疲れていたのだと思う。時々目まいが訪れ、睡眠が足りないなと感じるようになっていた。体からのサインだった。不調を感じてはいたものの、もともと体力に自信のあった私は、サインを無視して働きつづけていた。

そしてある朝、それは起こった。ベッドから起き上がれなくなったのだ。目まいでクラクラする。電話しようにも、うまく呂律が回らない。一体どうなってしまったんだろう？

怖くなり、スフィアに聴いてみようとした。

すぐに、もっと大変なことに気がついた。

「スフィアの声が聴こえない……！」

大切な声が、消えてしまった。

# （第7章）龍

## 人生の休み時間

スフィアとつながれない。それは、仕事ができなくなるということだった。私のセッションは、スフィアにつながり、アカシックレコードのデータを読んでいくスタイルだ。このままでは、もうセッションができなくなるかもしれない。目まいや立ちくらみ、頭も重い。体からのサインがあれほど来ていたのに、「まだ大丈夫」と過信してしまった。

反省した私は覚悟を決め、お客さまにお詫びし、二カ月間仕事を休み、療養することにした。ふりだしに戻ったのだ。やれることは、たった一つ。自分の心に耳を傾けること。答は、私の心だけが知っているはずだった。

それにはまず、体調を整えることが先決だ。寝よう。そう思いベッドに入って、二日ほどこんこんと眠り続けた。そして三日目。朝起きると、クラクラと感じていた目まいはスッキリしていた。直感的に、いままで無理に脳を使いすぎていたのだと感じた。

試しにアカシックレコードにつながろうとしたが、頭がボーッとして、スフィアの声はやはり聴こえなかった。眠るだけではダメだ。どうしたらスフィアの声が戻るのだろう？私の心は、どうしたがっているのだろう？

ソファに寝転んで、こんなこと昔もあったなとぼんやり思い出す。自分の心が読めないと気づいたとき、祖母は「周りばかりを見ていると、自分のことが見えなくなる」と教えてくれた。何も知らなかったあのころと、私はそう変わっていなかった。中学生のころのふりだしに戻ってしまったと情けない気持ちになった。

とはいえ、諦めるわけにはいかない。せっかく頂いた長い休み。セッションの延期をお願いしたお客さまからは、心温かいメッセージがたくさん届いていた。必ずサロンに戻ろう。心からそう感じた。

ゆっくりと落ち着いて感じてみれば、ただ疲れきっていただけで、すべてが愛に包まれているのは変わらず確かなことだった。そうだ、もう一度心を追いかける冒険を初めからやってみよう。どうなるかは分からないけれど、この休みの間だけは、自分の好きなこと、自分のやりたいことを徹底的にやってみようと決めた。

手始めに、二十代のころに好きだったバイクに再び乗ることにした。私の心と体が、スピードと風を感じたいと言っているような気がしたのだ。置きっ放しにしていた真っ白な２５０ccのホンダ・フュージョン。バイクは、前世で多くの馬に乗ってきた、私の強さの象徴だった。

馬に乗り、命をかけて戦った戦士のころ。夜通し馬を駆り、大切な手紙を届けた中世の時代。馬で曲芸まがいの技を見せ、喝采を浴び、みんなを喜ばせていたこともあった。すべて、アカシックレコードが教えてくれた、前世から引き継いだ私の個性だ。

バイクに乗りアクセルを開けると、とたんに前向きな考え方に変わった。いつもはマイペースな性格だが、バイクにまたがると、人生を切り開いていくパワーが湧いてくるような気がした。私は前世の命の経験からのパワーを借りて、思いつくまま、導かれる場所へ行ってみることにした。心を追いかける冒険が、また始まった。

## 空海と不思議な声

行き先は自然と頭に浮かぶ。景色や、何かのシンボルのような形が脳裏に見える。土地の名産品の味が口の中に広がることもある。この味は……うーん、五平餅だろうか？　ということは長野？　次に見えてきたこの広い湖はどこだろう？

いつも返ってくるはずの、スフィアの返事はない。そのことを寂しく思いながらも、伝わってくるヒントを頼りにインターネットで調べ、諏訪湖を見つけ、バイクで走り出す。そうやって思いつくまま、私は日本中を旅した。

一晩がかりで四国まで走ったり、猿や鹿とすれ違いながら、やっとのことで山奥の秘境温泉にたどり着いたこともある。行く先にはいつも神社やお寺、そしてパワースポットと呼ばれる場所があった。

富士山のふもとで。

そこでたびたび目にするのは「空海」という名前。なぜか、空海ゆかりの地が多かった。空海の名前は知っていたが、どのような人物かは深く知らなかったので、彼のアカシックレコードを読んでみる。すると、ずいぶんとユニークな人物像が浮かんできた。

まだ青年のころの空海。彼は、話す前から相手の魂胆や意図が分かるようだった。あまりにはっきりと相手の思考が読めるため、二、三の言葉を交わせば事足りてしまう。彼の心はいつも朗らかで、人々を楽しげに眺める〝余裕〟がある。この世界がどのように事を運んでいくのか、そのすべてを知っていて、見守っているかのような風情だった。

……へぇ。すごい。まるで祖母のもつ力を、もっと鋭くしたような能力だわ。

次の場面は、船の中だった。嵐をやりすごした船の上で、空海は雲の隙間から差す、一筋の陽の輝きを眺めていた。その光の中に、彼は未来を見ていた。

彼は未来予知の力も強いようで、これから訪れる他国の高僧を助けなければいけない、と強く感じているようだった。とはいうものの、若い自分にそんな大役が務まるか、と静かに考えてもいた。その前途は途方もないほどドラマティカルな人生に見えた。

空海の壮大なアカシックレコードを見ながら、ふと気づいた。スフィアがいなくても、ビジョンが見えていた。よかった。自分の能力がまだきちんと機能していることに、私は心から安堵した。そのとたん、場面が突然変わった。

《ここに命の水がある》

重々しい、轟くような大きな声に私はドキッとした。スフィアの声と同じ、見えない世界からの声だった。その声に誘われ、空海が泉の出る地脈を感じているのが伝わってきた。湧き水を見つけ、水場を得た人々の喜ぶ姿が見えた。

……そういえば、ルルドの泉を掘ったベルナデッタという少女も、不思議な女性の声を聴いて奇跡の泉を掘り当てたと聞いた。見えない世界の声を聴く者は、人々の命を潤《うるお》す奇跡の水を見つけることができるのだろうか。

旅の先に何があるかも分からずに走り回っていた私は、目に見えない存在の声を聴く空海に出会い、重要なヒントを見つけたような気がしていた。お寺や神社の落ち着いた空間、そして自然を感じて過ごす静かな時間。温泉に入り、深く体の芯から癒されながら、私は少しずつ元気と自分のリズムを取り戻していった。

## 青い龍と命の玉

休みも残すところわずかとなった、ある晴れた日。私は、いつものようにバイクに乗り、沼津の海岸を訪れていた。

その日は、少々変わった一日だった。友人から携帯電話に何度も着信があったけれど、運転していたり歩いていたりで出られず、かけ直すと今度は相手が留守番電話で通じない。道にはほとんど車がない。行く先々で私の周りからスッと人がいなくなる。そんな不可思議な現象が起きていた。自分一人だけ、異空間に入ったような感じ。そう、魂のサイン。シンクロニシティだった。また、何か起こるのだろうか？

ふと気が向いて、私は海岸に向かった。松並木を抜けてバイクを停め、階段を降りると、沼津の静かな海が眼下に輝いていた。

誰もいない広々とした砂浜。キラキラと光る海の水面。そしてその海には……、

「……龍⁉」

驚くほど大きな龍が、鎮座していた。小さな島一つ分ほどもあるだろうか。青緑色の巨大な龍が、海の上でゆったりとうねっていた。尾のあたりはぼんやりと透けていて、海が見える。

「なに、これ⁉」

つい驚きが口から出て、私は周囲を見回した。遠くの堤防に子連れの家族が見えたが、彼らはのんびりと散歩を楽しんでいる。どうやら、この龍は私にしか見えていないらしい。……はぁ。疲れのあまり、幻覚を見るようになってしまったのね。まず落ち着こうと、目を閉じ、ゆっくりと首を回した。

そのとき、まるで地響きのような重い声が、頭の中に響き渡った。

《お前は、玉を運べるか？》

それが、龍の最初の言葉だった。

……玉⁉

龍は、ゆっくり寄ってきて、私を見下ろした。

……え！　幻覚じゃない？

また龍の大きな声が頭の中に轟いた。

《お前の祖母は、わたしの玉を運んだぞ》

この龍は、私の祖母を知っているの？

龍の玉……。そういえば、祖母も時折ふらりと一人旅に出ていたことを思い出した。国内はもちろん、ときには、イギリスや香港にまで出かけることもあった。そんなことを考えていると、ふと祖母が「一、二、三……」と何かを指折り数える姿が浮かんだ。祖母はそのようにして何かの数を数えていたものだ。何を数えているのと尋ねると、ニッコリして「いずれジュネちゃんにも分かるわ」と言うばかりで、めずらしく詳しいことを教えてくれなかった。もしかして、祖母はあの旅で、玉を運んでいた？

《察しがいい》

龍は太い笑い声を響かせ、小さな子どもでも見るように、面白そうに私を見つめていた。

……私のことを知っているというの？　おばあちゃんのことも？

《無論。わたしはお前たちの営みをずっと昔から見守る存在。お前たちよりも、ずっとお前たちのことを知っている》

龍の言う〝昔から〟が、果てしなく長い時間であることが伝わってくる。それはまるで、〝地球ができて以来〟というような長さだ。この龍はずっと長い時間、この地球を見守っている。そんな果てしない感じがドッシリと伝わってきた。

《玉をもち、富士の山へ向かえ》

龍がそう言ったとたん、目のくらむような眩《まぶ》しい光の玉が飛んできた。大きな光の玉がスッと背中に入ったと感じた瞬間、全身に震えが走り、鳥肌が立った。……何これ？　体がガクガクして、思うように歩けない。これでどうやって運転しろっていうのよ！　慌てふためく私を、またふてぶてしく笑うと、《じきに慣れる》と言ったきり、龍は黙った。

……富士の山って、あの富士山のことだろうか？

富士山と言っても広すぎて、どこに行けばいいのか見当もつかなかった。しかし、龍はじっとこちらを見ているだけで何も言わない。なんと横柄な龍だろう。

……仕方ない。覚悟を決め、屈伸やストレッチをして体を慣らし、私はバイクで富士山の方向に走り出した。青々とした茶畑の中を走っていると、急に龍の低い声が響いた。
《道案内はわたしがする。そのまま進め》
どうやら、道を教えてくれるようだ。
《次を右へ。そしてそのままずっとまっすぐだ》
フランスでスフィアが導いてくれたときと、まるで同じ。だがスフィアはこんなふうに偉そうじゃない！　横暴な感じのする龍の声に苛立ちながらも、仕方なく私は龍の指示に従い、バイクを走らせた。民家がなくなるあたりまで富士山を登ったところで、ふと私は〝魂のサイン〟を感じた。脇にある林道が、そこだけ切り取ったかのように鮮明に見え、気になって仕方なかった。
……あの道が呼んでいる！
そう感じた私は一瞬悩んだものの、龍の指示を無視して道を曲がり林道に入った。このまま上がっていけば見晴らしがきく場所に出る気がする。そんな予感がして、「この先通行止め」の看板も気にせず、そのまま登りつづけた。しばらく行くと畑のある高台に出て、とうとう道が途切れた。

## 龍の正体

私はバイクを停め、来た道を振り返った。思ったとおり、見晴らしのいい景色が広がっていた。陽に照らされ、キラキラと輝く海。その海面には、やはり大きなあの龍がいた。しかし、龍の色が違っていた。そこにいたのは、大きな金色の美しい龍だった。

……どういうこと？

さっきまであの海に青緑の龍がいたはず。それも禍々《まがまが》しい感じのする、ふてぶてしい龍だった。けれど今、私の眼下にいるのは、まるで天から降りてきたかのような金色に輝く美しい龍だった。

《おや……見破られたか？》

重々しいけれど、美しく柔らかな声で龍は笑った。金色の龍は、先ほどの重々しい印象とは違っていた。

……あなたはさっきの龍？

龍は、じっくりと私を見つめた。

《これが真の姿よ。わたしは、天龍。人よ、世界はお前の写し鏡だ。心を見失い生きるなら、こちらも正体を隠す。魂に生きれば、こちらも本性をさらけ出す。人の世もそうであ

ろう？》

天龍の声は頭だけでなく、心にも、そして全身にもその意味を伝えてくるようだった。言霊が染み渡る、そんな言い方が相応しい。

《生き急ぐ者は、それなりの対価を払うようになる。人よ、お前はなぜそんなに急ぐ？》

天龍の言いたいことは、痛いほどに伝わってきた。天龍の言うとおりだった。フランスから帰ってきて以来、私は全く自分を省みず、先を急ぐように生きていた。強引に玉を運ばせる、さっきのふてぶてしい態度のあの青緑の龍は、生き急いで心を見失った、私の写し鏡というところだ。

……そうね。確かにそのとおり。私はずっと自分を見てこなかった。だからあなたは傲慢な青い龍の姿で私の前に現われたということね。でも、なぜ急に、あなたは金色に変わったの？

天龍の美しい鱗《うろこ》がキラキラと光り、思わず見とれる。

《この世には、天なる眼をもち、地を整える〝龍使い〟がいる。人よ。お前は龍使いだな》

私はすぐに察した。私が追いかけた魂のサインだ。あの特別な感覚こそが、龍の言う〝天なる眼〟なのだと思い当たった。

《お前たちには、その二つの眼以外にも、〝真を見る魂《まこと》〟がある。空海、そしてお前の祖母もわたしを見た。真を知る者は龍を使い、地を整え、命の営みを助ける》
行く先々で見た、空海の名。彼は龍使いだったというの？
《時代を超え、真に引き合う者たちよ。人よ、良き経験をしたな。龍使いは龍使いに惹かれ、魂は真の仲間に会う》
息を呑むほど眩《まばゆ》い金色の龍の姿に、ふと、私は思いついた。
……天龍って、浜松にある天竜川と同じね。
すると、天龍はこちらに近寄り、大きな声で笑った。
《わたしがいたから、その名前が付いたのか。はたまたこの地があったから、わたしが生まれたのか。人よ、お前はどちらだと思う？》
……龍が先か、土地が先か。うーん、なんとなく、一対になっているような気がする。
《おや、そのとおり。龍がいることで地が成り、地に命が富むことで、龍が成る》
……龍が成る？　そもそも龍って、一体何なの？
《人よ。この地に手をつき、我が命を感じてみるといい》
……命？
龍の言うまま、その場にしゃがみこみ地面に手のひらをつけてみた。ドクンドクン。大地の脈のようなものを感じたかと思うと、突然アカシックレコードのビジョンが流れ込んできた。

大地の水が枯れ、地表は氷に覆われ、地が海の下に沈んでいく。地は岩に突き動かされ山になり、まるで生きているかのように激しく変化していた。

……地面が、生きている！

《この星で命をもたぬものはない。龍は地の化身。地は多くの命を生み、支え、水を操り、地を揺らし、死を受け入れ、また生み出す。地があれば龍があり、龍があれば、そこに地がある》

美しい鱗を光に反射させて、天龍はまっすぐな眼差しで私を見た。

ふと気づいた。

私のこの体は、地からできている。そしていつか、この地に還る。今まで意識したことはなかったけれど、地があるから、私たちがこうして生きていられる。龍の言葉に、私は自分が地に生かされていることを改めて実感した。

《人よ。命を擦り減らしたお前は、地の力を借りに来たのだろう？》

そのとおりだった。私は夢中で走りすぎて、力を失った。……もしかして私は地のパワーが欲しくて、思うまま走り回っていたのだろうか？

《龍を祀る場所は、祈りを天に与え、命の力を取り戻す場だ》

そう言われてみると、龍が描かれているのは、お寺や神社など手を合わせる場所が多い気がする。はたと気づいた。龍は「祈りを天に与える」と言った。この天というのは、魂のビジョン、アカシャの情報システムのことじゃない？

天に向かって祈ることで、私たちは空に開いたアカシャ・システムから祈りを世界に発信する。心は、きっと祈りを受けとる受信機の役目をしているのだろう。心の感覚に意識を寄せ、天からたくさんのヒントを受けとり、私は命の力を取り戻す場へ誘われたのだ。味覚や風景で伝わってきたアカシックレコードの情報は、私や、私を待ってくれているお客さまたちの願いや、祈りを叶えるヒントを降ろしてくれたということだ。何気なく受けとっていたビジョンの意味が分かり、その壮大な仕組みに目まいがした。

《なぁ、人よ。お前は特別ではない。だから選ばれたのだ。だが、お前は自分を特別だと勘違いし、走ろうとしたであろう》

ギクリとした。龍の言うとおりだった。アカシックレコードに出会った私は、この特別な力を役立てることが自分の使命だと思い込んだ。役に立てるならと、人の悩みに必死に答え、そして自分を見失って倒れたのだった。龍はゆっくりと唱えるように言った。

《目を覚ませ、人よ。お前は命だ》

私は、命？
《命は体そのものよ。その体は、お前のために常に生きつづけている。命の鼓動を見過ごしてはいけない》
命の鼓動……。
《この地にあるすべては、木も、石も、生命たちも、愛と喜びに満ちている。もしお前が疲れて元気を失ったとしても、お前の骨と肉は、愛と喜び、そして生まれてきたことへの感謝しかもたない。苦しみは、お前の思考がもたらした幻想だ》
骨と肉、という言葉が気になった。ふと思い立ち、自分の体に手を当ててみる。そして、心を読むときのように集中し、自分の骨と肉の感覚を感じてみた。骨に意識を合わせると、そこにはこの世に生きる歓びがあった。肉に意識を合わせると、筋肉や血管、細胞すべてが囁き合いながら、いっときも休まずに、力強く私を生かしてくれていることが伝わってきた。
……自分の体は、こんなにもイキイキと頑張ってくれていたのか。ずっと変わらない、骨や肉から伝わってくる躍動感。生きる鼓動。
私はなんて傲慢だったのだろう。……自分を特別だと思い込み、走り続けてきた日々に、後悔の涙が出た。

「ねぇ、天龍。ありがとう！　私は今、自分が生きていることを改めて実感している気がする！」

私は声を出して叫んだ。龍に、この声で伝えたいと思った。龍は美しい目を細めて、息を吹きかけるように囁いた。

《人よ。お前の使命は命を大切にすること。それがすべてだ》

自分の命に目を向けると、自分の感覚が明らかに変わっていく。いつでも力がみなぎっている感覚。私は、自分の感覚を取り戻していた。

バイクで日本中を散々走り回り、自分らしさを取り戻すために何かを探していた。だが、探し求めていた〝力〟は、自分の体の中に〝命〟としてずっと宿っていたのだ。

龍は愛おしげに私を見て、言った。

《生きる世界こそ違うが、わたしはお前たち人類が自分を取り戻すのを、いつも感じてきた。命ある限り、必ず内に答がある。わたしの流れるような体は雄大な時を示している。人は龍に出会い、限られた命の時と、命のリズムを思い出す。人よ、命のパワーを見くびるな。お前の心音は大地の鼓動。お前の吐息は風。お前の血潮は水。その肉すべては地であり、この地に生きるお前たちの命は、わたしの命でもある》

龍の力強い言霊に、私は自分の力をさらに感じていた。龍の命と私の命との共振だった。

大きな大地に受け止められる安堵感。龍から伝わってくるパワー。直接その命を感じたくなって、私は思いきって土の上に寝転んだ。そして目を閉じ、私を受け止める地を感じた。地が、私を受け止めてくれていた。風がそよぐのを感じた。陽を肌に感じた。

私はここに生きている。

## 愛と感謝のエネルギー

起き上がり、眩しく輝く天龍を見た。龍は満足そうに私を見つめた。

《お前のもつその玉は、富士の聖なる場を守るため、世界中から届けられたものだ》

そうだった。すっかり忘れていたけれど、青緑の龍から私は大きな玉を渡されていたのだった。

《龍の玉は、命が生み出した愛と感謝のエネルギーだ。なぁ、人よ。命というものは本来、愛を知り、感謝を吐き出すことしかできないのだ》

愛を知り、感謝を吐き出す……。

《地に草が生え、草を食らう生き物を、肉食が食らう。肉を食らうものが死せば、土が受け入れ、また草を生む。命という愛の連鎖だ。人も同じよ。汗をかき、地に実らせ、食を得て、ありがとうと笑い合う。だが人よ。もう、作り手の顔など、とうに見えなくなって

しまったな？》

確かに、龍の言うとおりだ。私たちが何気なく買うものには、生産者の顔はもうほとんど見えない。スーパーへ行けば、どこから運ばれてきたのかわからない、あり余るほどの食材が並んでいるし、衣料や生活用品も海外からたくさん輸入されている。携帯電話やパソコン、電化製品などにいたっては、中身がどうなっているのか分からないほどだ。しかし実際にはどんな物でも、私たちの見えないところで多くの人の時間や労力、つまり「命」が使われているのだ。

《人よ。お前たちは利便性を追いかけ、ずいぶんと感謝が減った。感謝の心が地に集まり、龍、すなわち地がそれを玉として受け取り、その願いを叶える。だが願いばかりで、玉が足りない。その玉は海の外から運ばれたのだ》

……海外から運ばれた玉。そうか。だから、天龍は海にいたのね。背中の玉に意識を向けると、アフリカや南米、南の島々に暮らす人たちの、素朴で温かい思いやりの気持ちが伝わってきた。命の営みと感謝の心。利便性ばかりを追いかけ生きる私たちを、彼らの自然な生活が、根底から支えてくれていたのだ。背中の玉が、よりいっそう大切に感じられた。

《愛と感謝は、波動だ。波紋が大きく広がり、この地の願いを叶える。その玉が富士に運ばれることで、富士は新しい形で守られるであろう。むろん、玉を運んでいるのはお前だけでない。民の願いを聞き取り、この地を守るために、世界各地から多くの者が呼ばれて、愛の玉を富士へ運んでいる》

世界遺産登録に向け、富士山の美化活動がちょうど盛んになっていた。龍の玉が運ばれることにより、富士山はその美しい姿を守られていくのだろう。私は龍に聞いた。

……人に愛と感謝がなくなり、玉を作れなくなったら、どうなるの？

《この世界は、破壊と創造で成り立っている。玉が作られなければ、新しい命の流れを呼び起こすまで。地を変動させて、その地を蘇らせる。だが人よ、天災も悪いものではないぞ。他の何よりも、その地に正しい感覚を呼び戻す力がある。地が壊れれば、人は、地を敬う心を取り戻し、それを立て直す。龍が動けば、すべてのものが愛と感謝に目覚める。尊い浄化の転機だ。いずれにしても、愛しかないのだからな。破壊と創造、何を選ぶかは、その土地に生きる者たちの望み次第。龍はいつでも写し鏡だ》

天龍から、命を愛しく見守る想いが伝わってきた。

《さあ、そろそろ富士へ向かえ。富士の龍が待ちかねている》

## すべての命はこの地の恵み

大地があって当たり前だと思っていた。命があることが当たり前だと思っていた。お金を出せば、さまざまなものが自分のものになると思っていた。でも、そうではない。私が触れるもののすべてが、この地の愛からできている。そして私の手に触れるすべては、作った人の命の結晶なのだ。このバイクも、当たり前のように走っているこの道も、服も、食べものも、私が触れている何もかもが、愛と命で作られていた。

数え上げたらきりがないほど、世界は命の結晶にあふれていることに気づいた。そして、それらすべてはこの地、すなわち龍の命の結晶だ。私のこの肉体も、この地からできている。

すべての命は、この地の恵みなのだ。

龍の声に導かれ、私はようやく富士山にある小さな神社にたどり着いた。凛とした空気が漂っている。

富士の清らかな水が張られた手水舎《ちょうずや》で手を清め、本殿で手を合わせると、頭の中に、龍の低く大きな声が重々しく響いた。

《上へ参れ》

……上？　あたりを見回すと、境内の隅のほうに小さな階段が山へ向かっているのが見えた。導かれるまま急な階段を登ると小さなお堂があり、色とりどりの折り紙で作られた風車や人形が飾られていた。カラカラと音を立てて回る、あざやかな風車。賽銭箱には大胆に描かれた一頭の龍の絵。異様な空気が漂っていた。そこだけ空間が歪んでいるように感じた。歪んだ空気に、鈍い頭痛を感じる。

ふと視線を感じたような気がしてお堂を見上げると、おかっぱ頭の女の子が屋根に座っていた。白地の着物姿で、ブラブラと足を揺らしながら、こちらを見下ろしている。私はその目を見て、息を呑んだ。白目のない、吸い込まれそうに真っ黒で大きな目。

女の子の体はぼんやりとしていて、向こうの景色が透けて見えた。……ゆ、幽霊？　それとも、座敷わらし？　怯えていると、また野太い声が頭の中に響き渡った。

《よう来た、よう来た。玉はもっているか？　お前は玉をもって来たのであろう？　玉の匂いがする》

女の子はお堂の屋根から飛び降りて、無表情のまま私を見上げた。

真っ黒な目。私はようやく気づいた。この子の大きな声は、龍の声だった。

驚いて息を呑むと、次の瞬間、ムクムクと女の子の体が大きくなり、山一つほどの大きな富士の龍に変わった。

《少しふらつくかもしれないが、しっかり立っておれ》

富士の龍はそう言うと、大きな爪のある手を伸ばし、私の背中から玉を抜き取った。グラグラと体が揺れたかと思った次の瞬間フッと軽くなり、スッキリした心地よさが体中に広がっていった。

《玉はしかと受けとった。お前の望みはよぅくわかった。お堂の近くに大きな杉の木がある。そこへ行け》

龍は一言そう言うと、悠々と富士山へ去っていった。

……まだ何も願いを言っていないのに。龍の言う私の望みとは、一体何のことだろう？お堂のほうへ降りていくと、龍の言うとおり、大きな杉の木が天に向かって真っすぐそびえ立っていた。その周りには囲いがあり、木に近づくことはできない。木には触れられない。どうすればよいのか思案していると、突然頭の中に、アカシックレコードのデータがダウンロードされた。

モン・サン＝ミッシェルで初めて体験した、宇宙の始まりのビジョン。私の命の数々が、生まれ変わり、旅立ち、また違う時代に生まれ、さまざまな経験をしていく。前回と違っているのは、フランスで体験したものよりもずっと静かに、ゆっくりと映像が流れていることだった。美しい命の物語を、ゆったりと観覧しているような感じだ。

そして気づいた。この映像を見ている私は胎児だった。私は母親の温かな胎内で、すべてを見通していた。

これは胎内記憶だ。暗いお腹の中のはずなのに、私は目に見えない力を使って、楽しげに嬉々として世界を見通していた。

この星は、美しい。

滑らかに回転する星の中に、水に生かされるたくさんの生命の息吹を感じた。木々の営みは逞しく、私はその生命力に憧れた。そして人類や、地球上の生命がもつ未来の方向性。この星は、破壊や争いという苦しみを抜け、穏やかな時代を目指しているようだった。私はこの世界へ、生まれていく。女性として生き、家族に愛され、過去生や未来生の命の経験を活用し、目に見えない世界を伝え、この世界に愛を伝える。

きらめくような愛にあふれた未来のビジョンをゆっくりと感じ、私はワクワクしながら小さな体を動かした。この体のもつ可能性。家族から受け継ぐ能力。芯の強さ。ときに頑固さ。すべてが楽しみだった。

愛しげに自分に触れる、温かな手の感触を感じた。黒曜石のように美しい黒髪の小さな私がいた。愛され、伸びやかに自分の心のバイブレーションを追いかけていく幼い私を見た。

ふと、この星の遠い未来に、生態系を守るレンジャーとして活動する別の私の姿が見えた。栗色の髪の青い目をした私は楽しそうに、森の動物たちと話していた。その様子に魅了され、生まれたら「動物を飼いたい」と言おうと決めた。

私を支えてくれる大切な出会いの数々が見えた。海の見える街。心地よい風の吹く地。胎内を漂いながら、私は未来のプランをしっかりと感じた。大切な人たちからの、たくさんの温かな眼差しを感じた。大事な場面での、そのときそのときの心の感覚をしっかり覚えた。どの瞬間にも、私の体が魂と共振するのを感じた。音を奏で、心のバイブレーションが高まっていく。その面白い感覚に、私はまたワクワクして体を動かした。

……と、そこにスフィアがいた。

光るホログラムと私は共に生き、会話する。私は宇宙すべてを感じ、スフィアと共に生きるのだ。黄金の光に包まれ、私とスフィアが溶け合った……。

たくさんの人々に出会い、旅をし、愛を知り、光を世界の人々に分けつづけるのを感じた。どの出会いも、どの瞬間も、光り輝いていた。

うっとりと心地よいアカシックレコードを見ていると、あの懐かしい声が聴こえてきた。

《お前の命のバランスを思い出したか？》

スフィア！

（第8章）

# ブループリント

## 龍の命と私たちの秘密

久しぶりのスフィアの声。よかった！　涙があふれた。

《龍に会ったのだな。人は、その地に宿るエネルギーを、龍の命として捉える力をもっている》

……あ、そうか！　と思い当たった。富士の龍が言った「お前の望み」とは、スフィアにつながることだったのだ。富士の龍は私の願いをちゃんと知っていたのだ。私は富士の龍のはからいに、心から感謝した。そしてあのとき手のひらで感じた、地の鼓動を思い出していた。

（龍の正体は、土地のもつエネルギーなのね？）

《人は脳波を自然に操り、あらゆるエネルギーを可視化するのが得意だ》

また頭の中に映像が流れてきた。

ネイティブアメリカンの青年が、荒野の上を悠々と飛ぶ不死鳥を眺めていた。

映像は替わり、中国の年老いた僧が、龍と話し合って、寺を建てる場所を見定めていた。

アラスカでは、分厚い氷の下に、巨大な古い地下都市が透けているのを見て驚いている

エスキモーの少女がいた。

さらにアジアの島国では、火の鳥だろうか、ものすごい勢いで飛ぶ金色に光る大きな鳥に、腰を抜かしている老婆の姿が見えた。

アイルランドでは、小さな妖精たちに囲まれてハープを奏でる女性の姿が。

日本では、妖怪や鬼に驚き慌てふためく、着物姿の男性と子どもたちの姿が見えた。

（……すごい！　エネルギーって、うまく脳内で変換できると、龍だけではなく、いろいろなものを可視化できるのね）

《エネルギーは、脳の中で自分の感じやすいように変換される。例えば不死鳥のビジョンは、土地と風土のパワーが可視化されたものだ。地下都市のビジョンは、過去にあった古代文明を感じている。お前たちはその場にあるエネルギーを、さまざまな感覚で自由に体験することができる》

（……ということは、お化けなんかも、同じ原理で見えたりするの？）

《すべて、エネルギーの体験だ。エネルギーを感じる者の心の内が、その体験の方向性を決める。憎しみのエネルギーをもつ者は、そのエネルギーを使って憎しみを体験する。愛をもつ者は、愛に出会う。世界に貢献する願いをもてば、エネルギーは世界へ出て行く糧になるだろう》

そうか。龍であれお化けであれ、私たちは自分が望んでいるものを体験したり見たりするのか。私たちは、龍やお化けについ気持ちを奪われてしまうけれど、大切なのは、出会ったエネルギーを何のために使うか、ということなのね。美しい心で未来を見ていれば、美しい龍につながり、心が望む未来を体験する。心がよくない状態にあれば、嫌なものを見たり感じたりして、そのパワーを自分や世界のために使うことができない。

それは龍や精霊の世界だけでなく、人間関係にも言えるかもしれないと私は思った。相手に嫌なことを感じるときは、自分の心や考え方に原因がある。

《お前は自分を見失い、心に従ってパワーのある地を旅し、遠い南の島から運ばれた感謝の玉を拾った。龍との会話の前に、すでにお前は訪れた土地やあの玉から、命の尊さをエネルギーで学んでいたのだ。そして龍がそれらの意味を伝えた。エネルギーとは、そのような仕組みで流れている》

驚いた。頭で理解していた流れとは、全く逆だった。私は、龍から命の尊さを学んだと思っていた。でも違った。私に命の価値を教えてくれたのは、自然あふれる日本の地や、遠い国に住む、あの玉を作った人たちのエネルギーだったのだ。もしかするとあの天龍も、美しいエネルギーの玉を運ぶことで、あの輝く姿になったのかもしれない。

地に人々の愛と感謝が育まれ、輝く龍によって、必要な地に愛が運ばれる。それは、私たちが愛や感謝を大切にすれば、世界を、この地球を、美しく保つことができるという意味ではないだろうか。
私は、何か大切なことに気づこうとしていた。心がドキドキ高鳴るのを感じた。
《エネルギーを理解したのだな。この世界はエネルギーでできている。お前たちは多次元的な存在だ。目で見えない空の部分にあるエネルギーが、囁き合うように調和をとって、この世界は創られている。このことを理解するために、お前はここにたどり着くようプランしたのだ》
スフィアの言葉は、まるで私が自ら望んでこの物語を作り出しているかのように聴こえた。
《そう、お前は胎内でこれを計画した。それがブループリントだ》
……ブループリント？

## ブループリントという命の設計図

ゆっくり映像が流れはじめた。そこはまた、あの温かな胎内だった。

だが私は胎児ではなく、たった一つの細胞だった。私は驚くほどの勢いで細胞分裂をしていた。遺伝子情報に沿って、私はどんどん形を変えて成長していた。私の全細胞は、光るアカシックレコード情報を取り入れていた。細胞につながった光るアカシャ・システムから、私は世界を見通し、この宇宙のすべてを感じることができた。この星、この銀河、全宇宙の叡智が、私の細胞にダウンロードされていく。

私はすべてを知っていた。私は宇宙を分かっていた。

この星に生まれる私の命がどのようなものか、この命にどんな役割があるかをすべて知っていた。小さな細胞の塊である私は、全宇宙を見通し、未来を見通して、命の意義である生命力に満たされていた。いつか未来のどこかで、完璧なタイミングで、この記憶を思い出さなければならないことも分かっていた。私は何もかも知っている——この感覚に、いつか目覚めること。これこそが、私の生まれる意味だった。完璧な命のプランだった。

映像は、細胞から胎児へと変わり、先ほど見た胎児の記憶につながっていた。再び胎児の記憶につながったとき、ようやく私は気がついた。

私はこのプランを叶えるために、心を読む能力をもつ家族に生まれることが、どうしても必要だったのだ。この能力は、目に見えないすべての叡智を理解する物語のために、あらかじめセットされていたのだった。

スフィアに出会ったのも、ほんの始まりにすぎない。胎児の私は、全世界から届くさまざまな願いを感じていた。この尊い胎内記憶の存在を知りたいと、多くの命たちがプランしていた。

自分が生まれてきた意味、自分のもつ生命力、自分の命の価値、それらを思い出したい。そんなみんなの願いを、胎児の私は心地よく受け入れていた。いつか遠くない未来、私はアカシックレコードと出会い、ブループリントの記憶を取り戻す。そしてこの壮大な命の記憶の存在を、世界の多くの人たちへ伝えていく。

胎児の私は、自分の命のプランに満足して、ゆっくり眠りについた。

《これがブループリント、お前の命のプランだ。お前たちはこうしてすべてを知り生まれてくる》

なんということだろう。私たちは生まれる前にすべてを見通して、すべてを分かって生まれてくるのだ。

私は、このブループリントを世界に伝えるという大切なミッションを、胎内で約束していた。スフィアの言葉は本当だった。すべて私の望んだプランだった。私はこの使命をやり遂げられると信じて、この家系を選んで生まれてきたのだった。そう考えると、全身が粟立った。

《その肌の反応を覚えておくといい。ブループリントのエネルギーに触れると、体は自分のアカシックレコード情報を呼吸しはじめる。すると思考を通さなくても、直感的に自分の進むべきプランへの道が分かるようになる。これが人のもつ能力の真の使い方だ》

私は細胞の一つひとつがアカシャ・システムにつながっていることを思い出した。なるほど、理解できる！　粟立った肌は、アカシックレコードが私の細胞に深く入ったサインなのだ。


また映像がきた。懐かしい光景が映し出された。

私は制服を着て歩いている。高校生のころの私だ。私の体は光るアカシックレコードの情報網へとつながり、自分の願いを世界へ送り出していた。私は必要な情報を光として感じていた。光は私をある本屋へと誘う。まるで光の道を歩くように、私は光に誘われて本屋へ吸い込まれていく。掲示板の前で止まる。そこだけ光っている小さな紙を見つける。私の指が、その一片をちぎる。手のひらに、小さな光の渦が載っていた。

（もしかして、私が願いを発信していたから、あのメモに導かれたということ……？）

また、画面が変わった。懐かしい祖母の家。祖母は笑いながら魔法のジュースを作っている。彼女の体も、テーブルに並ぶ野菜や果物も、みんな光っていた。彼女は私を見て、私の体と共鳴するような光り輝く野菜を選び、ジュースを搾る。搾られた野菜たちのエキスは光の渦となり、コップに注がれる。まるで命の源のようだった。私はジュースを飲む。小さな私の体は、強い光に包まれる。全細胞が光と共振し、私の小さな体が、全宇宙に広がる膨大な光の渦の中で呼吸していた。

信じられない！　おばあちゃんのあのジュースは、本当に〝魔法のジュース〟だったのね！

スフィアの声が流れた。

《生まれてくる前、お前たちは全宇宙の情報をエネルギーで理解している。だが細胞分裂が進み成長していくと、体をつくることが優先され、意識は体の中へ深く入り込む。すると肉体に関する物質的な記憶が優先され、全宇宙につながるエネルギーの理解や、ブループリントの記憶は封印される。お前たちはすべてを忘れた状態で、人生を始めることになる。だがお前の家系は、生まれた後も、目に見えないこのエネルギーを理解し、その感覚を保持しやすい遺伝子と環境をもっていた》

うちの家系はそのエネルギー理解が得意だったということ？　みんなもそれぞれ力をもっているけれど、忘れてしまっているのね？

《そうだ。胎内では誰もがこのエネルギーを理解している。何かのきっかけでこの感覚を思い出せば、生まれてくる前に予定した自分のプランや、自分に秘められている特性、この世界でどのように生きるのかなどすべてを思い出すことができる。そして揺るぎない安心感と生命力を感じながら、それぞれの光の道を進むようになる。これが、ブループリン

ト の意味だ》
ブループリントは具体的な記憶だけでなく、感覚も大事な要素だということね。ワクワクするあの感覚。愛しいフィーリング。それらすべてが、私の胎内記憶と一致しているサインだったのだ。それを思うと、また肌が粟立った。

## エネルギーと命の黄金比

映像が流れた。私のサロンだった。

金色の光に導かれ、お客さまがサロンへ入ってくる。お客さまの悩みを聞き、私は目を閉じる。私の全身が光り、脳から全宇宙へ強い光が発信される。すると、宇宙からの光が降りてきて、私は大脳新皮質で情報処理を始める。私が言葉を発するたびに、お客さまの体の細胞一つひとつが、少しずつ光につながりはじめる。

でもよく見ると、体のあちこちに、光を受け入れない〝くぐもり〟のようなものが見える。私はまた光を受けとり、くぐもりの理由を相手に伝える。だんだん相手のオーラが光を増して、大きく広がっていく。相手の体のあちこちにあったくぐもりが薄まって溶けていく。最終的にそれは消え、相手は全宇宙の光と呼吸しはじめる。

私たちは、全身でアカシックレコードに完全につながっていた。そうしてお客さまは、光り輝きながら自分の光の道をたどり、世界へ向けて歩き出す。

《このくぐもりは、肉体的なトラウマや悲しみの記憶パターンだ。それらを解放し、ブループリントの感覚を蘇らせること。これがお前の真の役割だ》

心を追いかけ、この光に導かれて、私はたくさんの運命の出会いを重ねてきた。お客さまたちも私と同じように、自分のブループリントにつながる光に導かれ、自分の命のプランを思い出すためにこの小さなサロンにやってきたのだ。

ブループリントは、自分の命の設計図だ。自分が自分であることの意味、自分の特性、この地上のどこで、どのような出会いをして、何を体感し、どのように成長していくのか。ありとあらゆる大切なことが記された、私たちの命が輝くために進む道を示してくれる金色に輝く運命の地図のようだった。

《すべての命には個性が宿り、一人ひとりが、それぞれの世界と調和している。その黄金比を教えてくれるのがブループリントだ。お前たちの心の中には、それぞれのブループリントの〝感覚〟がある。自分らしい感覚を思い出し、それぞれの命の役割を体現していく。するとお前たちの世界はより高いバイブレーションに満ち、不調和な世界が解消され、調和した世界が完成していく。これこそがブループリントの重要な役割だ》

スフィアの言葉で、私が追い続けてきた心の正体がようやく分かったような気がした。

そうか、心は、ブループリントの〝かけら〟だったのだ。心は人生の羅針盤となるんだ。心がワクワクと感じるならば、その道は自分の命が輝く光の道だというしるしで、逆に苦しさやもどかしさを感じるなら、自分の命のプランから外れている合図だ。心は自分の運命を歩くための、頼もしい相棒なのである。

そうと分かった瞬間、また全身が粟立《あわだ》った。私はじっくりと、その感覚を味わった。まるで世界のすべてが私の味方をしてくれているように、自然に微笑みが浮かんだ。

もう何も怖くなかった。私には、すべてを記憶している心がある。そうして私は深く深く思い出していた。私は、この命の記憶を世界に伝えにやってきた。これこそが私の探していた〝あい〟なんだ。

## 始まりの記憶

「自分らしくていい……って、何よりも心地いいですね」

ブループリントの感覚を思い出しはじめると、みんな口をそろえてそう言う。

龍に出会って自分のブループリントを思い出してからは、サロンでの時間は、ブループリントを伝えるそれへと変化していた。私たちにはそれぞれの個性があり、進む方向も速度も、それぞれ違う。自分の命のもつ個性に気づくと、自然と安心感に包まれ、「これが自分らしさだ」と誰もがすんなり理解する。

会社の経営に危機を感じてサロンを訪れたある経営者は、最初深刻な顔をしていたが、ブループリントに書かれている「福祉」という言葉を伝えると、急に目を輝かせ新しく事業を始めようとしていることを口にした。

「これまでの仕事のほかに、ずっとある福祉事業のことが気になっていました。福祉という言葉が気になったのは、自分が生まれる前にそれを予定してきたからなんですね。どうやら私はこっちの道を歩くことになりそうです。まだまだ先のことと思っていましたが、そうですか、これまでの会社は、息子に社長の席を譲る時期が来たのですかね……」

不思議なもので、人は自分の命のプランを思い出すと、とたんに直感が動きはじめる。まるで待ち合わせをしていたかのように提携する企業が現われ、これまでの事業の経営は息子へ譲った。無理のない程度に事業を縮小し、立て直しの方向に向けると、面白いことに、新規事業もすぐに形になっていった。

また、突然ブループリントを思い出し、一流企業を辞めて農場を開いた方もいる。彼は、投資運用の才能に気づいてからというもの不思議な夢を見るようになったとサロンへやってきた。

「あと数年で仕事を辞めるという、リアルな夢を見るのです。これは、何かのサインなのでしょうか、それとも妄想でしょうか？」

彼が夢で見ていたのは、胎内で見たブループリントの記憶だった。それを伝えると彼は納得し、従来の仕事を続けながら農場を探し、休みのたびに手を入れて、投資と農場経営という自分らしい人生プランを進めていった。農場がオープンしたのは、彼が夢で知らされたちょうど三年後のことだった。

面白いことに、彼もまた全国のエコファーマーたちと自然に縁がつながり、さまざまな技術を教えてもらうようになったと言う。真っ黒に日に焼け、嬉しそうに笑う彼の姿が、何よりも命が輝いている証のように見えた。ブループリントのプランに乗ると、新しい仲間や関係者との道が開け、ソウルメイトたちとの縁もつながるようだ。まるで世界が自分の命のプランに応えてくれるようだ、と彼は驚いていた。


ブループリントの答え合わせは、それまで描いていた強固な思い込みを壊すきっかけになることもあるようだ。

ある日、発達障害と診断されたお子さんの母親が、サロンを訪れた。

「情緒が安定しなくて、人ともなかなか話そうとしないんです。どうしたら普通の子になってくれるのでしょう？」

彼女の心からは、子どもの未来を不安に思う気持ちがひしひしと伝わってきた。アカシックレコードを見てみると、お子さんは動物とのコミュニケーション能力に長《た》けていることが分かった。それがこの子の命の個性なのだろう。そう伝えると、母親の表情が一変した。

「まぁ、やっぱりそうなんですね。あの子は水族館に行くたびに、イルカの調教師になりたいって言うんです。まさかと思っていたけれど、あれは本気なのね。今はマンション住まいでインコしか飼えないのだけれど、もう信じられないほどにインコが懐いていて、一緒に寝たりしているんですよ」

生まれてからもずっとブループリントを覚えていて、自分の道をちゃんと知っている子どもが時折いる。私から話を聞いてようやく納得したのか、母親のオーラから、未来への緊張やプレッシャー、そして思い込みの硬いエネルギーが解放されていくのが見えた。そして解放された彼女の体に、お子さんのブループリントが流れ込んでいく。動物とのふれあいや、動物たちのもつ癒しの力を世界に伝えるのが、この子の命のプランだった。少しずつお子さんのブループリントを理解しはじめた母親は、ふと思いついたように言った。

「イルカねぇ……。ねぇ、ジュネさん。もしそのイルカのいる施設が海外だったらどうかしら？　私の妹がオーストラリアに嫁いでいるんですけど、遊びに行くたびに、うちの子がイルカの施設で驚くほどはしゃぐんです」

彼女の心からは、子どもに英語を学ばせてみよう、海外に送り出そう、というワクワクした気持ちが伝わってきた。子どもの命のプランと、親の想いとが通いあった瞬間だった。

現在の社会では〝障害〟とされる「発達障害」という症状も、命のプランに目を向けてみれば、素晴らしい個性が秘められていることに気づく。発達障害と診断された子どもの中には、天才的にプログラミングを得意とする子や、株のトレードを得意としている子、はたまた大工になることを決めてきていて、学校での勉強にあまり興味を示さないのに、家の設計図面だけは完璧に読める子もいる。

社会はまだ、この秘められた命の個性をすべてキャッチできるところまで進化していない。でも、一人ひとりのブループリントがもつユニークさが、世界の黄金比として輝くようになるまで、私たちはゆっくりと学びながら進んでいくのだろう。

そのようにして、いつか世界はエデンへと戻っていくのかもしれない。

（第9章）

# 目に見えない世界とあなたの力

## シャーマンと見えない力

あなたは、ブループリントの感覚を覚えているだろうか？　私たちの誰もが、胎児のころにちゃんと未来をプランして生まれてくる。一人ひとりに用意された、自分らしい人生、自分らしい感覚。ソウルメイトという大切な人たちとの出会い。大事なことはすべてブループリントに刻まれている。

龍と出会い、ブループリントを知って以来、私はずっと考えていた。どうしたら誰もが自分を愛し、自分の人生を心から楽しむ感覚になれるのだろう？　自分の本当の命のプランを思い出したいと願う人たちに、私は何ができるだろう？

頭に浮かんだのは、ルルドの街で出会ったストーンヒーラーの愛しいジェンヌの顔だった。ジェンヌならヒントを教えてくれるような気がした。さっそく私は、メールを出すことにした。

「親愛なるジェンヌ。自分のミッションをやっと思い出したわ。あなたの力が必要なの。私はもう少し私たちの仕組みや、ヒーリングを学ばなければならないと感じている。お願い。力を貸して？」

メールを受けとってすぐ、ジェンヌはフランス中に散らばる八人のシャーマンを紹介してくれた。その名前を見た瞬間、彼らを訪ねなければならないと感じた。胸のときめきがいつものように私を誘っていた。そして年に一、二回長期の休暇をとり、シャーマンたちに会いにいくようになった。

空港でレンタカーを借りて、広々とした平野を走り、森を抜け、シャーマンたちの家を訪れる。どの家も一見ごく普通の民家で、おどろおどろしい儀式をするシャーマンの家という雰囲気はなかった。年老いたシャーマンは、ハートの開いた明るい笑顔で歓迎してくれた。

「おぉ！　よく来たね、きみがジュネだね？」

温かいハグ。初めて会うはずなのに、懐かしい気持ちが沸き上がる。理由は分からないけれど、その愛しい感覚が命のプランに沿っていると教えてくれていた。

シャーマンというと、古くは儀式をする役割があったようだが、現代のシャーマンは特別なとき以外は儀式は行なわないようだった。普段は私たちと同じように暮らし、自分たちがもつ目に見えない力や秘技を用いて、地域の人々の暮らしのサポートをしている。

シャーマンたちが教えてくれることはさまざまだ。まず体の知識。知っているようで知らない体のこと。それをきちんと認識することから始まった。

「ジュネ、目に見えない世界を扱うとき何よりも大切なことは、僕たち自身を深く知ることなんだ。知らなければ、癒すこともできないからね」

そう言って、私に分厚い解剖学の本を渡した。

「これは私たちの説明書だ。それぞれのイメージと役割だけでもいいから、覚えていこう」

シャーマンたちは、代替医療で体を治す者も多く、医者のように、体に詳しい。

改めて体の構造や器官の機能に着目してみると、私たちの体はまるで神秘の宝庫だった。一つひとつの器官が、いっときも休まず、完璧なシステムで命を守っている。

中でも興味深いのは、感情やストレスが私たちの体に大きく作用していることだった。例えば、胃。私の胃は、小さいころに叱られた経験がたくさん記憶されていることが分かった。

「ジュネは、寂しくなるとお腹が減ることに気づいているかな？　これは、きみの胃が悲しみの記憶を抱えていて、くり返し、そのころの悲しみを再現しているんだ。そうやって私たちの体は、特別な感情を強く記憶していて、そのたびにタイムスリップする癖があるんだよ」

確かにそうだ、と思い当たった。

母子家庭だったので、小さいころから母が留守がちなのを寂しいと感じていた。その寂しさを、料理することで紛らしていたような気がする。今も、友人を招くたびに料理するのが好きだし、クラスで十人分のランチを作ることもある。

「人は悲しみから個性を作ることもある。どんなきっかけであれ、私たちは自分の個性に気づくためにいろんな学びをしていくんだ。そうやって立派な個性ができ上がったら、この記憶を軽やかにして、次のステップに進むんだよ」

そうか。寂しさをきっかけに私は料理をするようになり、それが私の個性になったのか。そろそろ胃がもっていた悲しみのエネルギーを解放して、新たな可能性を開きたい。そう感じた。

シャーマンの言うとおり、胃のエネルギーが解放されると、まるでスペースが空くのを待っていたかのように、料理にまつわる出会いが増え、ジャンの農場で学べなかったオーガニックファームに招かれたり、食文化の学びを得るようになった。そんなふうにして自分の体感を通しながら、体の中に記憶されているネガティブな感情を解放するワークや、体のエネルギー循環を円滑にして、未来の可能性を開いていく方法を学んでいった。


体の次は、オーラの学びだ。オーラについて教えてくれたのは、イギリスのグラストンベリーから来たシャーマンだった。

オーラとは、エネルギーフィールドのことだ。胎内で守られていたあの感覚を、生まれたあとも自分の気から作り出すことで、私たちは自分を守っている。私たちはお腹の中で、オーラの作り方も母親からしっかり学んでくる。目に見えないものゆえに迷信と思われがちだが、正しく学べば、誰でも実際にオーラを感じて、自分の手で触れることもできる。

「胎内記憶でもあるブループリントを思い出したいのなら、オーラは何よりも重要な役割をしてくれるだろう。オーラを安全で心地よい状態に調整できれば、命は正しく循環しはじめる。私たちがきみに出会ってすぐ、何を教えればよいのか分かるのも、このオーラが働き、何をすべきかを教えてくれるからだ」

と言って、年配のシャーマンはオーラの触れ方から丁寧に教えてくれた。

役に立ったのは、フランスのファームステイで出会ったマリアの木が教えてくれた〝松果体〟だった。

「松果体は、私たちを見えない世界へと誘ってくれる大切な器官だ。松果体をうまく使えば、私たちの脳は、目に見えない世界にフォーカスする力を、飛躍的に高めてくれる」

マリアの木が教えてくれた秘密の続きを、まるで全部知っているかのようにシャーマンは話してくれた。

マリアの木にカードリーディングを教わったとき、急に未来を感じられるようになったのも、この松果体に秘密があったのだろう。

オーラを感じること。松果体を意識すること。学びは、決して難しくはない。なぜならすべては私たちにもともと備わった機能だからだ。天から授かったその機能をただ思い出せばいい。

松果体をコントロールすれば、誰もがオーラを感じ、愛という自己パワーを増やすことができる。その知識がない人でも、見えない力を思い出すことができる。私はそう確信するようになった。

そうして私は何年もかけてシャーマンを訪ね歩き、場の浄化方法や結界の張り方、見えない世界に安全につながる方法や、ブループリント感覚を思い出すための天然石のチューニング方法などを覚えていった。どれもこれも日常とはかけ離れた学びばかりで、まるで魔法使いの学校に入ったような気持ちだった。

見えない世界。それはまるでおとぎ話のようだけれど、学んでみると、確かに存在していると実感した。目に見えないとはいえ、エネルギーを軽んじると大変なことになる。私も一度だけ、大きな失敗をしたことがある。あるとき、渡された石を枕元に置いて、そのまま眠った。その晩恐ろしい夢を見て、何度も飛び起きた。朝になるのを待って急いでシャーマンを訪ねると、

「デトックスストーンは〝足元〟に置くんだよ、おチビさん」

と大笑いされた。実際にひどい目に遭うことで、目に見えないエネルギーの世界は、夢物語でなく、日常に密接に関わっていると思い知らされた。

だからこそ、シャーマンたちも真剣だ。彼らはあいさつ後、じっくりエネルギーを感じ取るようにすぐ沈黙に入る。そして、何か思い当たると「きみには、これを教えなければならないようだ」と分厚い専門書を広げ、英語やフランス語、そしてジェスチャーを交じえて知識のすべてを教えてくれた。

どんなに長い時間がかかろうとも、シャーマンは一つひとつの言葉に想いを込め、秘伝のそれを伝える。ひとしきり伝え終わると、私の瞳をじっと覗き込み、私の視線が少しでも揺らげば、首を振ってため息をつき、また一から説明のやり直しだ。

繊細なエネルギーの世界では、ほんの少しの不注意が大きなトラブルとなる。だから彼らの講義をおろそかにするわけにはいかない。おかげで私のノートは何冊にもなった。

家族のように親身になり、すべてを教えてくれるシャーマンたちに、「どうしてそんなに親切なの？」と尋ねるたび、彼らは天を指差して、こう教えてくれた。

「そりゃあ、魂の約束だからね。きみがブループリントの道を歩くというなら、その向こうに、同じことを願うものたちがたくさんいる。私たちはそれを感じ、願いを叶えるまでさ」

と、まるで秘密を打ち明けるかのように、こっそりウィンクする。シャーマンたちは、いつも魂の視点で生きているように見えた。

彼らは口をそろえて言う。

「今は少しばかり忘れているだけさ。私たちは自分で思うより、よほど強い力をもっている。やろうと思いつけば、何だってやり遂げられるに決まってるんだ」

そのとおりだった。直感だけで始めた学びの旅。何度もフランスへ通い、長い時間をかけてシャーマンを訪ね歩いて学び、私はようやく、誰もが目に見えない世界を感じられるようになる、と確信できるようになった。

私たちは、誰もがアカシックレコードにつながることができる。私たちは、誰もが命の個性を活かし、生きることができる。目に見えないものを感じる力は、選ばれし者だけの特別な能力ではない。誰もがもっている、本来の力なのだ。

## たった半日で心が読めるようになる

日本に帰ると、シャーマンたちに習った知識をまとめた。さらにそこに、大学や研究所で学んだ心理学や脳科学の知識を重ね合わせ、目に見えない力を目覚めさせる方法論や、誰でもアカシックレコードにつながれるプログラムを試作していった。

古い時代のスピリチュアルレッスンでは、長い学びの行程があり、それに付随する修業があり、難解な専門用語を駆使することが多いようだ。もちろんそれらは、他人にアドバイスするプロとして必要なプロセスにちがいない。

でも、アカシックレコードにつながり、自分の命のプランを思い出すのに、そんなに難しいものは必要ない。胎児のころは、誰もが専門用語どころか言葉すら知らないままで、この宇宙を、見えない世界のすべてを見通すことができたのだ。だから自分の体や脳の本来の機能を知り、生まれてくる前に誰もが経験した、見えない世界を見通す感覚を思い出すだけでいい。

そう気づいて自分のクラスを始めてみると、たった半日ほどでみんなが、目に見えない自分の心の奥底に気づいたり、他人のオーラに触れたり、エネルギーを感じて、苦しい思考パターンを解放できるようになっていった。

クラスが終わるころには、それぞれがテレパシーを使って、相手の心や想いを感じ取ることもできるようになっていた。これも、胎内で私たちがもっていた本来の感覚だ。もちろん、すぐにコツを掴む人もいれば、時間がかかる人もいる。中には、思考グセが抜け切らず、目に見えない力を信じられずに苦戦する人もいた。だが不思議なことに、そのように思考が強い人ほど、何度もクラスへ学びにやってきて、その結果、深い理解を得るのだった。

クラスを始めるとき、私はいつも言う。

「ようこそ。あなたはこれからたった半日という時間で、目に見えないオーラや心、エネルギーを感じる方法を思い出すでしょう。誰もがいろいろなことをテレパシーのように伝え合ったり、感じられるようになりますよ」

すると、参加している人のほとんどが驚いたり、不安そうな表情を示したりする。中には、せっかく学びに来たというのに、「私には絶対無理だと思います。自信があります！」と言い張る人もいる。

そのたびに、私はみんなを見回して思う。そうだった、私もそうだった、なんて愛しい始まりの瞬間なのだろうと。これからみんなそうやって、大切な記憶を取り戻していくのだ。私がスフィアや龍に導かれて体感したように、あの不思議な感覚を追いかけて、それぞれ自分らしい感覚に目覚めていく。不安を感じるみんなを眺めて、私はワクワクしながらこう心の中でささやく。

（さぁ、眠っている力を思い出そう）

私たちには確かにある、目に見えない世界を感じる力が。

## 見えない世界への入口

とはいえ「目に見えない世界を感じてみませんか」と言ったとたん、どうしても不安を感じる方が多い。胎児のころ真っ暗なお腹の中で、第六感を使っていたことを覚えている人はごく稀だ。

ではどうしたらそれを思い出せるのだろう。

私はまず、何よりも大切な〝私たちの体の解説〟から始める。見えない世界を感じるためにまず思い出してほしいこと、それは、私たちが感じる体をもっていること。

そもそも体は、すべてを〝感じる〟ようにできている。基礎的な力は、五感だ。色や形を認識する目の視覚、匂いを嗅ぐ鼻の嗅覚、味を感じる舌の味覚、音を聴き分ける耳の聴覚、質感を確かめる肌の体感（触覚）。

でも、見えない世界を感じようとするには、このシステムは少々変わる。

見えない世界へ入っていこうとするとき、まずポイントは、無意識下であなたが五感のどの感覚を優先しているかを知っていると、可能性は大きく広がっていく。分かりやすく言うと、最初にやってくる感覚を意識することだ。

例えば、切りたての瑞々《みずみず》しいオレンジがあるとする。目を閉じて、オレンジの香りを嗅いでみる。するとその香りからいろいろな感覚がやってくる。ここからあなたは無意識に、見えない世界へ入っていく。オレンジの色の視覚イメージが浮かぶ人もいれば、酸っぱい味覚を思い出す人もいるだろう。オレンジゼリーのフルフルした舌触りの触覚を思い出す人もいるかもしれない。もしかするとオレンジジュースの缶を開けるプシュという聴覚からの音が浮かぶ人もいるかもしれない。この感覚が、見えない世界への第一歩だ。

これが入口となり、無意識のうちに、私たちは確実に見えない世界を体感していく。このようなきっかけから、どの五感が動きやすいのかを知ることで、あなたの目に見えない力はより鮮明になっていくだろう。

だからもし見えない世界を感じたいなら、あなたの得意な感覚を研ぎ澄ましていくといいだろう。それをうまくコントロールできるようになると、さまざまな目に見えない能力が目覚めていく。

例えば視覚を目に見えない世界につなぐと、「クレアボヤンス」と呼ばれる透視能力が目覚める。クレア（clair）は、フランス語で「透明な・光のような」という意味。ボヤンス（voyance）は「見通す」。透明なものを見通す「透視」を意味する。つまり、視覚というイマジネーション能力を研ぎ澄ましていけば、相手の心や自分の想いをイメージで見通せるようになる。

音楽に長けていて、聴覚が発達しているなら、「クレアオーディエンス」(clair audience)、つまり「聴き取る」という能力が目覚めていくかもしれない。これまでよくつかめなかった相手の気持ちが、ある日、ふと鮮明に聴こえる瞬間がやってくるかもしれない。これらは第六感の世界の感覚だ。

目に見えない力というものは、決して特別なものではない。まずは自分の得意な感覚を知り、それを意識すること、そこから大きな可能性が開いていく。

## サードアイと松果体

大切なのは、それぞれの感覚を、どう研ぎ澄ませるかだ。そのために、心や未来など、目に見えない世界へと深く入っていこうとするときには、意識的に脳の使い方を切り替えていく必要がある。

意識の切り替えを行なうとき、私たちの体には、松果体という重要なポイントがある。松果体は、脳の中心にある小さな器官だ。太陽の光を感じ取り、その環境に合わせて、必要なホルモンを分泌し、体内リズムを調整する大切な役割をもっている。この松果体が、目に見えない世界を感じようとするときに、重要な役割を担う。

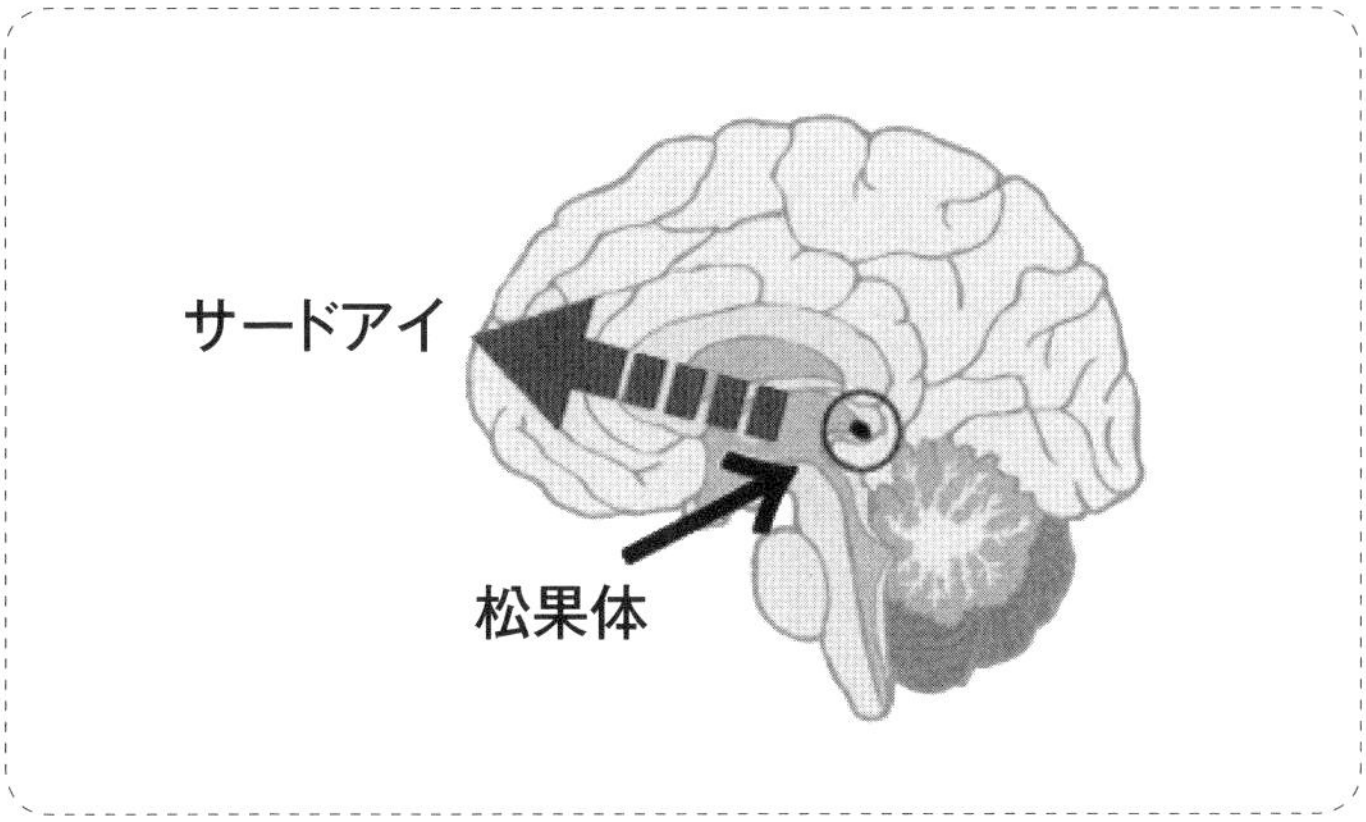

松果体と「第三の目」。

松果体の役割を思い出すために、まず簡単な実験をしてみよう。

自然な姿勢で立ち、「三カ月後の未来を見通してみよう」と思いながら、前を見てほしい。多くの人は、未来を見通す方法など知らないはずなのに、一瞬、顔が少し上に向き、遠くを見通しやすいようなスタイルをとる。この姿勢が、ポイントになる。

なぜ、〝少し上に顔を上げようとする〟のか？

この姿勢になると、本当に未来を見通すことができる、と私たちは本能で知っているからだ。少し顔を上に向けると、脳の位置が後ろに下がり、おでこが上がる。このスタイルで松果体からの線を前方に伸ばしてみると、ちょうど額の中心部につき当たる。ヒンズー教を信仰する方が額に印をつける、あの位置。この場所を「第三の目」「サードアイ」と呼ぶ。

先人たちは、額のこのエリアに、目に見えない世界とつながるエネルギーセンサーがあり、この「第三の目」で、未来や精神世界を見通せると考えてきた。このような詳しい知識を知らなくともいい。ただ「未来を見通そう」と考えるだけで、私たちは自然と額に意識を集中させ、未来を体感できそうだと分かっている。

この松果体をサードアイとして意識し、うまく使えるようになると、目に見えない世界を体感できる自分へと瞬時に変身できる。


ところで、「神経言語プログラミング」という言葉をご存じだろうか？　神経言語プログラミングは、巧みに脳や神経を操る、心理学のユニークな技法だ。

もう一つ実験してみよう。

まず、利き手をガッツポーズにして振り上げ、「エイエイオー！　頑張るぞー！」と大声で言ってみる。すると、このポーズを取っている瞬間は、意識のほとんどがその動きに奪われていることに気づくだろう。人には、あるポーズをして「エイエイオー！」と大声で叫ぶと、膨大な記憶の中から、そのポーズに合ったエネルギーを心の中に呼び込んでしまうという習性がある。自然の中で新鮮な空気を吸いながらハイキングを楽しんでいると、わあ、気持ちいいと、急に健康になったような気持ちになるのも同じ原理だ。行動すると、私たちの脳はその行動に合わせて動く。心がどんなに落ち込んでいたとしても、行動することによって考えや感情、気持ちが変化していく。これが神経言語プログラミングのシンプルな原理だ。

これを応用した例が、『ハリーポッター』などに出てくる魔法使いの呪文。魔法をかけるとき、杖を振り上げ、呪文を唱える。「チンカラホイ」でも「チチンプイプイ」でも何でもいい。呪文を決め、杖を振る動作をする。そして、この行動パターンにつながる記憶の中に「火をかける魔法」を入れておく。するとその呪文を唱えるたびに、火がつくようになる。これが呪文（リチュアル）の仕組みだ。人間の脳はその動きに合わせて、本人のもつ知識や記憶から、動きに合った同じエネルギーを毎回呼び出し、同じ現象を再現しようとする。

魔法使いも使うこの神経言語プログラミングの手法で、「目に見えない世界を感じる方法」をお伝えしよう。

方法は至ってシンプル。脳の中心にある小さな松果体を意識してから、サードアイのある位置に、人差し指を置く。

「私は目に見えない世界をサードアイで感じます」と唱えながら、置いた指を大きく前に

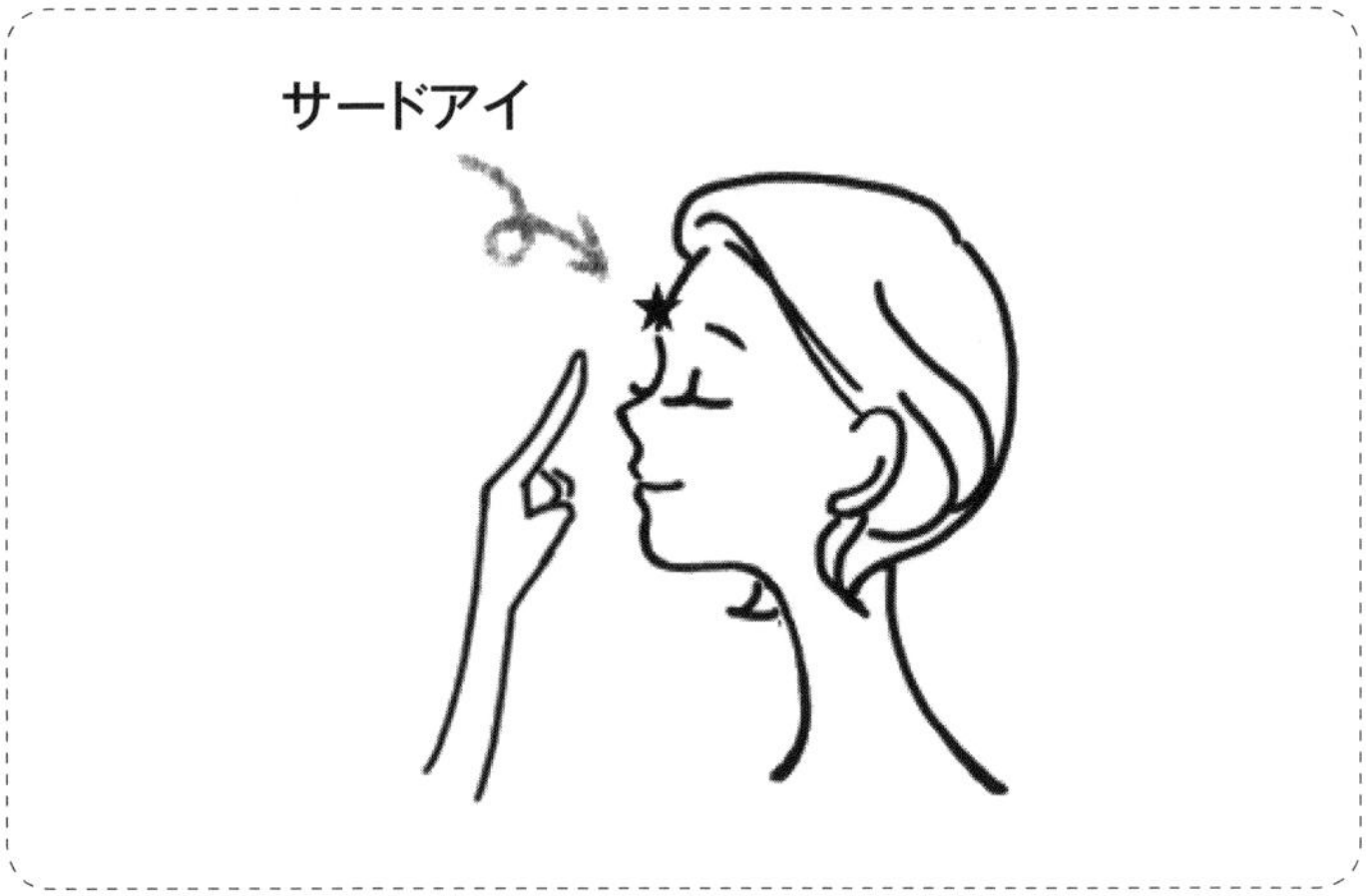


サードアイを意識して指で触れ、“心を感じる”練習をしてみよう。

出す。たったこれだけで、松果体は準備完了となる。

私はこの呪文を「サードアイフォーカス」と呼んでいる。サードアイフォーカスをすることで、目に見えない世界を感じるスイッチが入る。準備ができたら早速、目に見えない世界につながってみよう。

## 心を感じる方法

目に見えない世界を感じようとするとき、まずはじめに体験してもらうこと。

それは心を感じることだ。心は、私たちのブループリントの〝かけら〟でもある。私たちは心に問いかけることで、自分らしい道を知り、自分らしく歩いていくことができる。

「心を感じてみよう」と言うと、人は心についていろいろなイメージを思い浮かべる。自分の心がどのようなものか分からなかったり、自分の心によくない印象をもっている人もいるかもしれない。けれど、しっかり準備を整えて実際に心を感じてみようとすると、そこには、驚くほど純粋な私たちの命の個性があることに気づくだろう。

感じる方法は、実にシンプルだ。

額に触れ「目に見えない世界をサードアイで感じます」と、サードアイフォーカスの宣言をし、手を前に出す。そして、心を感じたい相手の手に触れてみる。自分の心を感じたいのなら、自分の手に触れる。

あなたの脳はサードアイフォーカスによって、すでにスタンバイ（準備完了）している。「心を感じたい」と意図すれば、あとはじっと静かにして何かの感覚が訪れるのを待つ。何も感じられない場合は、意図をはっきりさせるために、心と対話してみるのもいい。

「あなたはどんな人？」

「あなたはどんな個性をもっている？」

「あなたは何に喜びを感じる？」

そんな問いかけを発してみる。すると、あなたが受けとりやすい感覚で、相手や自分の心の奥から、ふと何かを感じられるだろう。

「いや、何も感じられない」と言う人がいたら、よい方法がある。眠っているときに見た夢を思い出してほしい。

夢を見ているときの脳の状態と、目に見えない心を感じる脳の状態はとても似ている。その内容を詳しく思い出せなくてもかまわないので、いつか見た夢を思い出そうとしてから、また改めて心を感じてみよう。すると、心を感じることへの抵抗や混乱が減っていることに気づくだろう。

眠っているとき、私たちは無意識に心を感じ、心の中を旅している。それを意図的にすることで、心に触れる感覚に少しずつ慣れていくことができる。すると、だんだん感覚は開いていく。

心を感じようとするとき、焦ったり、疑ったりする気持ちが強いと、思考が忙しく動くので、感じることは難しくなる。くり返しになるけれど、私たちの体はまず「感じる」ようにできている。その後で「これは何だろう?」と確かめたり吟味するために、「思考」が働く。つまり思考は感じるためのものではなく、感じたものを判断するために役立つ。だから心を感じようとするには、思考はお休みしてもらうぐらいのほうがちょうどいい。

思考が強くなったら、目を閉じて、深くゆっくりと呼吸を重ね、体を伸ばして、寛いでみよう。心を感じるのに、急ぐ必要はない。ゆったりとした気持ちで、ただ感じる。それだけで十分に感じる力は戻ってくる。

寛いで、心を感じようとすると、自然と、胎児のころの感覚に近づいていく。胎内では、詳しい説明もない、ただフィーリングする感覚だけ。そのシンプルな感覚で感じられるものこそ、心なのである。

目を閉じ、手に触れ、心を感じる。

穏やかな感覚の中に浮かんでくる、相手や自分の命の個性。予想したものもあれば、意外な一面もあるだろう。

真面目そうな印象の人の手に触れ、その心を感じてみると、案外ユーモアがあると感じられたり、明るい表情の方の心の奥に、寂しさを発見することがあるかもしれない。この直感的な感覚こそが、私たちの胎内記憶につながる、ブループリントのヒントになる。

心を感じてみようとするとき、おすすめなのは、まず自分の心を感じることだ。私たちは、自分のことを知っているようで、実はあまり知らない。何かに迷うことがあったら、ぜひサードアイを通してモノを見るようにして、その上で自分の手に触れ、心を読んでみてほしい。すると、心から欲している真実の答や、自分の個性に深く気づくようになっていくだろう。

この感覚に慣れていくと、あなたのもっている目に見えない力が動きはじめ、さまざまな直感が動き出す。何かにピンときたり、目にした情報が、なぜかどうにも気になったり、あなたの心が誘ってくれるブループリントをキャッチしやすくなっていることを感じることが増えていくだろう。その繊細な自分の感覚に気づくことをステップにして、あなたの運命の扉は大きく開いていく。そしてふと気がつくと、あなたは、あなたの命が輝く光の道を歩いている。

まとめてみると、

♡脳の中心にある松果体を意識して、額の中心にあるサードアイの場所に人差し指を置く。

♡「私は目に見えない世界をサードアイで感じます」と宣言する。

♡宣言したら、サードアイに置いた指を前に大きく出す。

♡そうしてから自分や相手の手に触れて、ゆっくり感じていく。

ただし、サードアイフォーカスは、運転する前や、運動、仕事などの前には行なわないでください。運転や仕事など、現実的な活動へ意識を切り替えたいときは、「サードアイを切り、私は目に見える仕事をします」と、額を手のひらで押さえるようにして、スイッチを切り替えてください。

## 命のプランの見つけ方

「私のブループリントを教えて下さい。私の使命は何でしょうか？」
と聞かれることがよくある。そんなとき私はいつも、
「それをあなたは必ず知っています。ですから、外に探さず、あなたの心に聴いて思い出していきましょう」
と、心の情景を伝えることから始める。

世間には、たくさんの方法や法則、秘密を伝える本や情報があふれている。どんな法則も少しばかりのヒントになるかもしれないが、残念ながら、その法則だけでは、本当の答にたどり着くことは難しいだろう。

ではどうしたら、自分のブループリントを思い出すことができるだろう？

身を削り、長い瞑想をして、悟りを得ようとした時代もあった。命のプランを思い出すためには、そのように身を削いで、特別な修業をしないと思い出せないのだろうか。いや、そんなことは決してない。

何よりも大事なポイントは、自分の外側にある雑多な情報から少し距離を置いて、自分の心を優先させること。あの温かな胎内感覚に戻ること。私はそう確信している。

少し想像してみてほしい。

胎内で、温かな羊水に漂うあなた。栄養は常に供給され、五感も未熟なまま、ただ無邪気に世界をフィーリングしているあなた。この満たされた胎内で、ワクワクと未来を見通しているあなた。

ブループリントを思い出そうとするとき、胎内で感じたような、幸福で満たされたこの感覚になることが何よりも重要なステップとなる。私たちは、胎内で一度その感覚すべてを見通している。だからこそ、私たちは外に答を探すのではなく、その記憶のゆりかごである自分の心に意識を向ける必要がある。答は、いつだって私たちの内に秘められているのだから。

初めは、心に意識を向けるのは慣れないことかもしれない。傷ついた経験が多ければ、心は動いてくれないこともある。愛が不足していれば、パワー不足になって心は動かず、「楽なほう」や「安心できるいつものパターン」を選んでしまいがちになる。そんなときは、不足した愛をチャージするために、まずは自分や身の周りのことを愛することから始めるのがいいかもしれない。

誰かに何かをしてもらったら、「嬉しい、ありがとう」と微笑む。気になる出会いを感じたら、臆せずに声をかけてみる。そんなことから始めるのもいい。

そうして心が少しずつ動きはじめたら、サードアイフォーカスをして、心の中を探検してみよう。何かときめくようなヒントを見つけたら、その心のままに行動してみる。すると、私たちの心はだんだん、自分らしいパワーを取り戻しはじめる。

パワーが戻った心は、本来のあなたらしさに向かって自然に動きはじめる。

もしかすると、愛しい人と抱きしめ合っているときに、何かを深く思い出すかもしれない。心のこもった料理を堪能しているときに起こるかもしれない。自然の中に身を置いているとき、これだ！　と思い出すかもしれない。気持ちよく、ただ風を感じている瞬間に、ふと何かの感覚が蘇るかもしれない。

いつ思い出すか。それは、あなた次第。心のままに動いたとき、それは起こる。だから誰かに委ねるのではなく、自分の心の声にまず耳を傾けてほしい。

ところで時々、「ブループリントどおりに生きられなかったらどうなるの？」という質問をされることがある。

私たちは、この命を終えて体を離れるとき、誰もがもう一度アカシックレコードにつながり、自分の人生を見返す時間を得る。生命力を失うと、私たちは体を守る生存本能から解放され、再びブループリントを感じる状態に還る。臨死体験をした方が、いろいろなイメージを見たり、不思議な体感をしたりするのを聞いたことがあるかもしれない。

命を終えるとき、私たちは走馬灯を見るように人生を振り返り、自分がどのような命の物語を経験したのかを振り返る。

「あぁ、なんて愛しい人生だったのだろう」

「あんなにチャンスがあったのに、とうとう告白できずに諦めてしまった」

「気づかなかったけど、あんなに愛されていたのね……」

膨大なアカシックレコード情報を体験し、エネルギーのビジョンで全人生を感じ、さまざまな思いを抱いて、私たちはまた新しい旅に出る。そしてまた、命の体験を楽しむために、再び生まれる。そうやって私たちは魂の旅を続け、ブループリントを達成するチャレンジをしているのかもしれない。

## 急がないで……

命のプランを見つけるには、一つだけ注意しなければいけないことがある。

それは、決して急がないことだ。

私たちには、命のプランがある。その速度を知っているのは、私たちの心と体だけだ。

思考を働かせて、必死に自分を変えようと望んだり、執拗に自分をジャッジしたり、苦しみの気持ちをもったまま、自分の道を探そうとしないでほしい。無理をすれば、私たちは必ずどこかでバランスを崩してしまう。これは私がたどった経験から言えることだ。

急ぐと、心は力を失う。するとたんに心身のバランスが崩れ、苦しみの時間に閉じ込められる。心は現実に反映する。自分の心のバランスを欠いていれば、出会いの多くは、そのバランスの悪さを示唆するものになっていくだろう。

あの偉そうな青緑の龍に出会ったときのような、自分を見失った苦しい道のりを、あなたには感じてほしくない。

だから覚えていてほしい。自分の心地よいペースで、この人生を進むということを。そして何よりも、あなたの命を大切にすること。これが、美しい天龍が教えてくれた、大事なミッションだ。

そうそう、もう一つ大切なことがある。

もしこの本を読んだあとで、少しでもゾワゾワする感覚や、ドキドキする感覚を感じたなら、その感覚こそが、あなたのブループリントとあなたの体が重なったサインだと気づいてほしい。何か特別な学びをしなくても、私たちは真実に出会えば、勝手に体が反応するようにできている。このささやかな感覚から、私たちは胎内で体験したブループリントを思い出し、命が躍動する人生へ入っていく。

命のプランに入っていくと、自然と運命の流れが起こり、大事な出会いが重なりはじめる。そして、私たちは気づく。

「いま、運命の波に乗っている！」

「これが、私らしい道だ！」

そうやって、自分の道が分かるようになる。もし道を外れてしまっても、また心を感じることから始めれば、必ずあなたの命のプランへ戻っていける。だから、決して急がずに、心地よい日々のリズムを楽しんでほしい。

何かにときめきを感じたら、その感覚をじっくりと感じてみよう。その幸せな感覚が、あなたを運命の扉へと誘ってくれるはずだ。

急がずに、心を感じて歩くこと。

それが、あなたらしい運命の道を進むための、たった一つのポイントだ。

## 終わりという始まり

シャーマンたちからの学びを終えて、私は久しぶりにモン・サン＝ミッシェルを訪れていた。あのころと変わらない、美しくうねる干潟。悠々と飛ぶカモメたち。潮の香り。黄金のミカエル像が守る大聖堂。静かな時間だった。

スフィアの穏やかな声が聴こえた。
《そろそろ声を手放す時がきたようだな》
そう、私たちの、お別れの時がきていた。

龍に出会ってから何年か経ち、私は自分の人生のバランスを思い出していた。心に耳を傾け、魂に導かれ、私はあの小さなサロンでのセッションからさらに活動を広げていった。アカシックレコードにつながるクラスや、龍とつながるクラスを開催し、目に見えない力を思い出してもらうようになった。音楽やラジオの世界に関わり、目に見えない世界の仕組みを広める活動も始めた。

アカシックレコードを使い、企業のビジネスコンサルティングをすることもあれば、医療機器へのアドバイスを求められることもある。パワーを秘めているアーティストのブループリントを読み、エネルギー調整をして、作曲やプロモーションを手伝うこともある。アカシックレコードの情報は、私が思っていたよりも世界のいろんな場所で役に立つのだと知った。

大学のころから続けている海外への旅は、いつしかボランティア活動へと変わっていた。

行き先は、あの龍の感謝の玉を作ってくれた人たちの住むアジアの国々だ。

彼らの生活は愛にあふれていたが、同時に貧しさの問題も抱えていた。たくさんの孤児たちや、仕事がなく身を売る女性たち。私は日本で古くなったカレンダーを集め、それをちぎってカードを作り、「マリアの木」に教わったカード占いを伝えるボランティアを始めた。子どもたちも女性たちも、魔法のように答が返ってくる占いに驚き、その目を輝かせる。占いという職業は特別な道具を必要としない。正しい知識を得れば、誰もが占いを職業にすることができる。

私は占いを広めるボランティアを、リアリティあるものとして実感しはじめていた。今は貧しくとも、それぞれがアカシックレコードにつながることができたら、全く新しい可能性を切り開くにちがいない。孤児院を訪ね、私が占いができると知ると、みんなが集まってきて悩み相談が始まる。私は一人ひとりのアカシックレコードを読み、ブループリントを伝える。知らない単語を耳にすると、年長の子が必死に辞書を調べ、翻訳しそれを伝える。するとみんなの歓声が上がる。

「そうだそうだ、この子はたしかに料理に向いている！」

「この子は学校の先生のような仕事が合うみたいよ。教えるのがうまいものね」

などと言い合って、それぞれ人生に明かりを見つけていく。そんな彼らから伝わってくるのは、あの龍の玉から感じた、純粋な愛だった。

サロンでも、アジアの遠い国でも、伝えることは同じ。愛しい命のプランを思い出してもらうために、アカシックレコードを読む。秘められた心の情景を、少しずつ思い出してもらえるよう、私はゆっくり命の個性を探していく。

この瞬間がたまらなく好きだ。アカシックレコードと心の共鳴は、どこを見ても愛しかない。命の輝きを感じられる特別な時間だ。

ブループリントに出会って以来、出会う人誰もが、ずっと昔から約束をして出会ったように愛おしく感じられる。そんな経験をいくつも重ねて、私はある決意をし、モン・サン＝ミッシェルに戻ってきた。

あるとき、私は気づいた。スフィアの声がないと生きていけないのは、自分らしくない。突然そう思ったのだ。

スフィアの声を失い、それを求めて、日本中を駆け回ったこともある。それほど大切だったスフィアの声。でも、私はこの声を手放さないと、本当の自分になれないと分かっていた。それが、私の命のプラン。私の成長はそこからまた始まると思い出したのだった。

昔と同じように、青空はどこまでも高かった。

また手ぶらだった。

《統合》

スフィアの静かな声が流れた。

すると、私の脳裏にビジョンが流れはじめた。

それはビジョンであり、実況でもあった。

私の体全体に、スフィアのホログラムがゆっくり重なっていく。私の動きに合わせて動いていたホログラム。これがスフィアの声の正体だった。私とホログラムの間にある、小さな時差がどんどん埋まり、ホログラムと私の体は一体となった。ホログラムからの波動を、音として受けとっていたスフィアの声。これからはその声を聴くのではなく、スフィアを全身で体感するプログラムへと変わるのだ。

私は、その変化の予兆をしっかり感じた。プログラムがゆっくりと書き換わり、私の視界が少しずつ鮮明になっていくような気がした。統合は静かに終わった。

……スフィア、いる?

返事はない。

静かな風の音だけ。

だが、スフィアのホログラムを〝そこら中〟に感じた。

《私はここにいる》

もしスフィアがそこにいたなら、そう言っただろうか。

スフィアの声は消えた。新しい一人旅が始まったのだ。

ここまで導いてくれて、ありがとう、スフィア。あの時と同じように、私は涙をこぼしながら、「ありがとう、ありがとう」と何度も唱えた。

ずっとそばにいてくれて、本当にありがとう。

静かな風の音だけが聴こえた。

（おわりに）

# ブループリント――魂につながる旅へ

「なぜ、生まれてきたのだろう？」
「どうしたら幸せになれるのだろう？」
「この人生、一体何をしたらいいんだろう？」
「どうして迷子になってしまったんだろう？」

ふとそんな想いがよぎるとき、私たちは何よりも尊い記憶を思い出そうとしている。私たちはいつだって、心のどこかでブループリントがあることを覚えているから。

ブループリント、それは私たちの命の大切な記憶だ。

もう忘れてしまったかもしれないけれど、私たちは温かな胎内で、全宇宙を知るアカシックレコードと確かにつながり、「世界にたった一つの命の個性を活かすプラン」をじっくり体験して生まれてきた。

何かのきっかけでブループリントのかけらを思い出すと、あなたが歩く人生に、あなたを押し上げる出会いがやってくる。出会いのたびにあなたの想いが大きくなっていくと、世界はあなたを必要とするようになる。そうやって少しずつ、誰もが世界に望まれて生まれてきたことを思い出していくのだと思う。

魂はずっとあなたのすべてを見ている。だから、あなたはいつか必ず愛を思い出す。

そのために私たちは生まれてきたのだから。

あなたの命が魂に導かれ、ブループリントの扉が開かれることを祈って。

ジュネ

イトウ ジュネ
神奈川県出身。シャーマンの家系に生まれ、幼少より「心を読む」ことに親しむ。産業心理学を学び、商業デザイナーとして独立。フランスの旅で「スフィア」と呼ばれるエネルギー体に出会い、アカシックレコードをダウンロードする。その後、胎内記憶である「ブループリント」の存在に気づく。以来、アカシックレコードを読み伝え、「なぜ生まれてきたのか」というブループリント記憶を蘇らせる「Noel Spiritual」を主催。病気や人生の仕組み、命の記録などすべてを網羅するアカシックレコードをベースに、具体的、詳細でリアルなセッションを行なう。誰もがアカシックレコードにつながれる——と提唱するワークショップは、さまざまな能力に目覚める奇跡体験を生みだし、瞬時に満席となり好評を得ている。

アカシックレコードと龍《りゅう》
初刷 2020年2月9日
著者 イトウ ジュネ
発行人 山平松生
発行所 株式会社 風雲舎
〒162-0805 東京都新宿区矢来町122 矢来第二ビル
電話 〇三-三二六九-一五一五（代）
FAX 〇三-三二六九-一六〇六
振替 〇〇一六〇-一-七二七七七六
URL http://www.fuun-sha.co.jp/
E-mail mail@fuun-sha.co.jp
DTP 中井正裕
印刷 真生印刷株式会社
製本 株式会社 難波製本

ISBN978-4-938939-96-0